CHALEUR HUMAINE

Du même auteur

L'Arabe pour tous
Pourquoi ma langue est taboue en France
Seuil, 2020

NABIL WAKIM

CHALEUR HUMAINE

18 réponses à la menace climatique

Éditions du Seuil
*57, rue Gaston-Tessier, Paris XIXe*

Ces entretiens sont extraits d'épisodes du podcast *Chaleur humaine* diffusés entre mai 2022 et juin 2023. Ils ont été adaptés et édités pour la lecture. Vous pouvez les écouter sur le site du *Monde* à l'adresse https://www.lemonde.fr/podcast-chaleur-humaine/, sur les applications de podcast et sur la chaîne YouTube du *Monde*. *Chaleur humaine* est aussi une infolettre hebdomadaire gratuite qui répond à (presque) toutes vos questions sur les enjeux climatiques.

ISBN 978-2-02-154418-3

www.seuil.com

Avant-propos

Comment faire face

Enfin une bonne nouvelle sur le front du climat. Désormais, presque tous les pays du monde sont d'accord sur l'objectif à viser pour faire face au réchauffement : il nous faut atteindre la « neutralité carbone » avant 2050. Ce qui veut dire qu'il faut s'être débarrassé d'ici là du pétrole, du gaz et du charbon – qui représentent aujourd'hui 80 % de l'énergie utilisée dans le monde.

La moins bonne nouvelle, c'est qu'on n'est pas vraiment au clair sur le chemin à emprunter pour y parvenir. Reconnaissons que c'est un peu plus compliqué que la recette du gâteau au yaourt. Le monde tourne presque intégralement aux énergies fossiles. Pour en sortir, c'est une véritable révolution qu'il faut accomplir – qui plus est, en un temps record.

Moi aussi, comme tout le monde, j'ai longtemps cru qu'on pourrait repousser cette tâche à plus tard, ou qu'une solution miracle finirait bien par nous tomber dessus. Mais les scientifiques sont formels. La route sur laquelle nous sommes nous conduit tout droit au désastre. Si nous ne prenons pas un virage radical, la planète sur laquelle nous vivons sera inhabitable dans quelques dizaines d'années. Ce qui tombe mal : on n'a pas d'autre planète sous la main.

C'est de ce constat sans appel qu'est né au printemps 2022 le projet de podcast et d'infolettre *Chaleur humaine* dans la rédaction du *Monde*. Parce que c'est bien beau d'être d'accord sur l'objectif, mais cela reste assez théorique si on ne sait pas comment y parvenir. Comment va-t-on vivre sans pétrole ? Que vont devenir les emplois et les entreprises qui polluent ? La transition et la démocratie seront-elles compatibles ? Faut-il arrêter de manger de la viande, de prendre l'avion, de faire des enfants ? Que doit-on changer dans nos vies, au niveau individuel aussi bien que collectif ?

La mission de *Chaleur humaine* est donc assez simple : identifier des spécialistes de chaque domaine concerné par la transition climatique et leur demander d'esquisser avec nous des chemins. C'est un peu comme ce que je préfère dans la gastronomie libanaise, le mezzé. Une grande tablée de salades fraîches et de feuilletés garnis où chacun peut piocher en fonction de ses envies du jour, tout en passant des heures à échanger et à écouter. *Chaleur humaine*, c'est une sorte de grand mezzé ouvert, pour trouver de quoi se nourrir intellectuellement et se préparer à la suite.

La recette que nous avons suivie ne comporte que quelques ingrédients. D'abord, une dose de rationalité et de physique : à l'évidence, une solution, ou une technologie, ne va pas nous permettre à elle seule de ratatiner nos émissions. Nous avons besoin d'une trajectoire sérieuse, avec des étapes. Un truc ennuyeux, mais compréhensible par toutes et tous. Le deuxième ingrédient, c'est une portion de sciences sociales : cela ne sert à rien de culpabiliser les individus sur des situations qu'ils ne peuvent pas changer tout seuls. Bien sûr, nos gestes comptent, mais ce qui est vraiment décisif, ce sont les actions collectives, les politiques publiques, les choix des entreprises. Enfin, il va nous falloir également une quantité non nulle de solidarité : l'une des conditions pour que la transition réussisse, c'est d'embarquer le maximum de gens dans cette aventure. Sinon, les malentendus rendront impossible sa mise en œuvre concrète. Dit autrement : pour arriver à bon port, il nous faut être sérieux, collectifs et bienveillants.

Ces dizaines d'heures d'entretiens m'ont appris que la bataille pour une planète vivable et un avenir juste est loin d'être perdue. La situation dans laquelle nous sommes n'est pas le fruit d'un coup du sort ou d'une malédiction millénaire. Le réchauffement est causé par les activités humaines, en particulier par l'utilisation massive de pétrole, de gaz et de charbon. Nous sommes la cause du changement climatique, nous sommes donc les mieux placés pour le stopper.

J'ai reçu des scientifiques qui m'ont expliqué à quel point notre planète est à bout de souffle, et comment l'adaptation aux impacts du changement climatique est indispensable mais insuffisante. J'ai interrogé des experts sur les manières de sortir, en France comme dans le monde, de notre dépendance aux énergies fossiles. J'ai écouté des spécialistes des transports, de l'alimentation, de l'habillement, pour comprendre comment notre logique de surconsommation met à mal notre avenir.

J'ai posé les questions que je me pose dans la vie de tous les jours, sur le rôle de nos efforts individuels, sur les risques pour la démocratie, sur les suppressions d'emplois, sur les inégalités. J'ai mesuré le poids des lobbys pétroliers, industriels et automobiles dans notre incapacité à agir. J'ai appris aussi que le climat ne peut pas être notre seule grille de lecture, tant l'effondrement de la biodiversité s'accélère. J'ai réalisé à quel point ces transformations imposent de réfléchir à d'autres modes de vie, d'autres rythmes.

J'ai commencé ce travail avec un regard assez technique, en pensant qu'il suffirait de remplacer les énergies fossiles par d'autres formes d'énergie. Je ressors de ces enregistrements avec une conviction : la réponse ne sera pas uniquement technique, mais aussi politique, économique, sociale. Pour prendre enfin la bonne route, nous avons besoin de mobiliser tous les savoirs disponibles, toutes les intelligences et toutes les bonnes volontés. Comme le dit la géographe Magali Reghezza-Zitt, la France a été capable de fournir un effort considérable après-guerre pour reconstruire un pays en ruine totalement dévasté. L'effort à fournir est du même ordre. Mais il n'est écrit nulle part qu'il ne sera fait que de « sang et de larmes ». Il peut être choisi et fait de joies, de désirs, de créativité et d'émancipation. Ce livre espère apporter son caillou plein d'espoir à cet édifice.

I.
Notre planète à bout de souffle

1.

Comment s'adapter au changement climatique ?

avec Magali Reghezza-Zitt

Magali Reghezza-Zitt est géographe et membre du Haut Conseil pour le climat depuis 2018. Ses recherches et publications portent sur la géographie politique et sociale de l'environnement. Spécialiste de la grande crue de la Seine de 1910, elle a notamment publié *Paris coule-t-il ?* (Fayard, 2012).

J'ai ri jaune en regardant *Don't Look Up* ; dans ce film produit par Netflix, on voit à quel point nous sommes nuls pour faire face à une catastrophe annoncée.

Dans cette superproduction, il s'agit d'une comète qui va s'écraser sur la Terre, mais tout le monde a bien compris qu'on parlait en fait du changement climatique. Cela dit, je crois qu'il y a une grosse différence entre cette histoire et le réchauffement. Le changement climatique, lui, ne va pas nous tomber dessus à une date précise. On n'a pas rendez-vous avec lui. Il est déjà là. C'est justement ce que raconte l'un des volets du rapport du GIEC (Groupe d'experts intergouvernemental sur l'évolution du climat), qui a eu la malchance d'être publié pile au moment où les chars russes commençaient à envahir l'Ukraine.

Du coup, ce qu'il racontait est globalement passé à la trappe ; c'est justement pour cela que j'avais envie d'y revenir, parce que j'ai moi-même été surpris de ce que l'on trouvait dans cette partie du rapport – alors que je travaille depuis des années sur ces questions. Faire baisser les émissions de gaz à effet de serre, c'est urgent, très important, et difficile… mais en fait cela ne suffira pas. Il va falloir aussi s'adapter à toutes les conséquences du changement climatique, et dès maintenant.

On n'y pense pas beaucoup, mais déjà plus de trois milliards de personnes dans le monde vivent dans des zones qui sont directement menacées par les changements du climat. Ce qui veut dire que, même si l'on applique toutes les bonnes mesures, eh bien, on subira malgré tout les conséquences du changement climatique pendant de très nombreuses années.

Comment vivre dans un monde qui se réchauffe ? Comment rendre nos villes habitables malgré les canicules ? Que vont devenir les vallées qui vivent des sports d'hiver, les littoraux qui vivent du tourisme ? Comment organiser une adaptation sérieuse face aux changements qui s'annoncent ?

Vous dites que pour comprendre la question de l'adaptation au changement climatique, il faut s'imaginer qu'on regarde un album photo. Pourquoi ?

Le changement climatique, c'est une tendance de fond qui fait que l'atmosphère se réchauffe à l'échelle planétaire. Or, une tendance, on ne la voit pas. Quand on regarde un album photo, on remonte quinze ans avant, on constate qu'on a changé. Sauf que tous les jours, quand on se regarde dans le miroir, on ne voit pas ces changements. Il y a la tendance qu'on est capable de mesurer sur plusieurs décennies. Et puis il y a ce que chacun d'entre nous voit, perçoit et vit. Sachant évidemment que ce qu'on voit du changement climatique, généralement, ce sont les extrêmes, les chocs.

Pendant très longtemps, il était difficile de dire si tel ou tel événement était ou non lié au changement climatique. Quand on vieillit, on a des maladies ou des fragilités qui naissent parce qu'on vieillit. Donc, si demain je suis très âgée et que j'ai mal au dos, généralement c'est lié à la vieillesse. Mais ça peut être aussi lié à quelque chose qui n'a rien à voir. On sait simplement que plus on vieillit, plus la probabilité d'avoir mal au dos est grande. C'est un peu pareil avec le changement climatique ! Donc il a fallu du temps pour que les scientifiques arrivent véritablement à démontrer le lien entre le changement global et un certain nombre d'événements. C'est ce qu'on appelle les sciences de l'attribution. C'est l'idée qu'on va être capable de dire que tel ou tel événement a une chance plus grande de se produire dans un climat qui change que si le climat n'avait pas changé. Là, on voit bien que des événements qui, il y a un siècle, étaient quasiment impossibles deviennent aujourd'hui des événements possibles, voire très probables. Juste un exemple : en 2019, on a eu une vague de chaleur au mois de septembre. Aujourd'hui, elle a cent cinquante fois plus de chances de se produire qu'il y a un siècle.

Le changement climatique est parfois présenté comme quelque chose qui va arriver à un horizon lointain. Or, une partie de la population y est déjà confrontée au quotidien, au premier rang de laquelle les agriculteurs.

On a parfois tendance à oublier que nous subissons déjà les effets du changement climatique. En France, le climat s'est réchauffé depuis 1900 de plus de 1,7 °C. Au niveau du monde, c'est à peu près 1,2 °C. On le voit de manière très concrète dans le monde agricole. Cela se traduit dans le changement des dates des saisons végétatives ; par exemple, les viticulteurs doivent avancer les vendanges. On voit des floraisons plus précoces qui sont liées à des hivers plus doux : des bourgeons arrivent beaucoup plus tôt dans l'année, et malheureusement les gelées précoces, toujours présentes, provoquent des destructions majeures de la production agricole.

Donc il va falloir adapter nos productions agricoles à cette nouvelle donne climatique ?

C'est ce dont parle le GIEC dans son rapport consacré au sujet de l'adaptation, paru en février 2022. D'abord, il explique que ce changement climatique affecte vraiment l'ensemble des composantes planétaires, aussi bien le chaud, le sec, le froid, donc le climat, que les sols, tout le cycle de l'eau, le cycle du carbone, le cycle de l'azote qui permettent l'agriculture. Pour la première fois, les scientifiques mettent en évidence le fait que ce changement climatique a déjà des conséquences irréversibles à l'échelle d'une vie humaine, voire au-delà. C'est-à-dire que certaines perturbations sont telles qu'on ne reviendra pas en arrière à vingt, trente ou quarante ans.

Des conséquences irréversibles à l'échelle d'une vie humaine ? C'est une expression assez terrifiante…

Cela a des implications très concrètes. Par exemple, concernant la remontée du niveau marin, il faudra plusieurs siècles avant de pouvoir revenir à la situation antérieure. Si on arrivait à atteindre la neutralité carbone, il faudrait encore plusieurs siècles pour qu'on revienne à l'état « initial ». On a réussi à transformer le climat et les composantes planétaires à une vitesse que jamais l'humanité n'a connue par le passé. Et ça, c'est très important parce que quand on dit que l'humanité peut s'adapter, c'est vrai, mais il lui faut plusieurs décennies ! Et les végétaux, eux, mettent encore plus longtemps.

Le changement climatique joue aussi sur un ensemble de maladies, il va avoir un impact sur la qualité nutritive, par exemple, de certains aliments : une atmosphère très riche en carbone aura tendance à diminuer les propriétés nutritives des céréales. D'autant que les agriculteurs ne font pas face uniquement à des pressions climatiques, mais aussi aux cours des céréales, aux aléas géopolitiques, aux prix de l'énergie et des semences. Ce qui fait qu'à un moment donné les capacités d'adaptation des systèmes productifs peuvent être dépassées. C'est la grande alerte du GIEC : il existe des seuils au-delà desquels l'adaptation n'est plus possible.

Les villes aussi vont devoir s'adapter, elles connaissent des épisodes de canicule de plus en plus récurrents et de plus en plus difficiles à vivre.

Pourquoi les villes sont fragiles ? Parce qu'elles constituent un phénomène d'îlot de chaleur urbain qui fait que la température augmente encore plus. C'est lié à la manière dont les villes sont construites, aux matériaux utilisés, au fait que certaines surfaces sont plus réfléchissantes, au fait que, dans certains cas, la chaleur est piégée. Le Haut Conseil pour le climat a travaillé avec Météo-France pour essayer d'évaluer cet impact sur le territoire métropolitain. On a eu des résultats assez frappants. On se rend compte que des villes comme Paris passent de 7 jours de canicule en moyenne par an à plus de 23 jours à horizon 2030-2040. Quand on se déplace vers l'est de la France, Strasbourg, Lyon ou Grenoble, on passe à plus de 30 jours en moyenne de canicule par an. On a aussi regardé les feux de forêt, puisque ces épisodes de canicule, conjugués à la sécheresse, font que vous avez des conditions propices aux incendies, qui se déplacent vers le nord.

On voit bien que notre appareil de défense civile contre le feu est surtout concentré dans le Sud-Est. Cela veut-il dire qu'il faut augmenter les effectifs de pompiers et leurs équipements pour s'adapter au dérèglement climatique ?

On a deux problèmes : d'une part, les incendies arrivent plus tôt dans l'année, donc les forces de secours et d'incendie sont mobilisées très tôt. Et puis en plus, l'été, les pompiers de la moitié Nord vont aider leurs collègues du Sud. Aujourd'hui, les incendies arrivent au nord de la Loire, ce qui veut dire qu'il n'y a plus assez de forces et de matériel pour s'occuper de l'ensemble du territoire.

Les sécheresses deviennent aussi de plus en plus régulières, ce qui a évidemment des conséquences sur les agriculteurs, et crée des conflits autour des usages de l'eau…

Oui, c'est déjà le cas aujourd'hui, et ça va s'aggraver. On va avoir de moins en moins d'eau dans les cours d'eau avec des périodes de basses eaux prolongées. Ce qui veut dire des difficultés d'approvisionnement en eau potable, des problèmes d'utilisation dans l'industrie et, évidemment, pour l'agriculture. Le changement climatique, ce n'est pas juste un impact sur le climat, c'est l'ensemble de notre vie quotidienne, des secteurs d'activité, des secteurs productifs qui sont bousculés. En 2019, le baccalauréat et le brevet ont dû être déplacés parce qu'il n'était pas possible de faire composer les candidats. Demain, ça pourrait être quelque chose de relativement fréquent, avec des difficultés pour faire travailler les gens pendant ces mois de canicule, parce que vous ne pouvez pas faire travailler des ouvriers dans les rues quand il fait trop chaud.

N'y a-t-il pas le risque qu'on apporte surtout des réponses de court terme, comme la climatisation alors qu'on sait qu'elle augmente la consommation d'énergie et participe directement au réchauffement du climat ?

Vous pointez là un des messages clés du GIEC, c'est ce qu'on appelle la « mal-adaptation ». C'est l'idée que le médicament a des effets secondaires tels qu'ils deviennent pires dans le temps que le mal lui-même. Si vous avez un infarctus, vous allez à l'hôpital, on va essayer de vous soigner pour vous sauver la vie. Puis on va commencer à se poser la question des causes qui font que vous êtes malade. Le médecin va vous proposer de traiter les symptômes, et va donc vous donner des médicaments pour éviter que ça ne se reproduise. Ces médicaments peuvent avoir des effets secondaires. À un moment, on évalue le coût et les bénéfices du traitement : quelle est sa faisabilité et quelle est son efficacité ? Il faut donc être prudent : certaines solutions qui pourraient être efficaces à court terme ne sont pas envisageables à long terme.

Quels types de solutions vous semblent être de la « mal-adaptation », ces initiatives qui, même si elles partent d'une bonne intention, peuvent se retourner contre nous ?

Certaines solutions n'ont qu'un temps : construire une grande digue pour se protéger des inondations, par exemple, n'est plus faisable au bout d'un moment, simplement parce que ça coûte trop cher. C'est un peu la question du « quoi qu'il en coûte ». On l'a vu pendant le premier confinement lors de la crise sanitaire : c'est très efficace à court terme, et ensuite, ce n'est plus supportable.

Dans la bataille pour le climat, il y a deux aspects : il faut faire baisser massivement les émissions de gaz à effet de serre – ce qu'on appelle l'atténuation – et, dans le même temps, il faut s'adapter au climat qui change. Si on prend l'exemple d'une vallée qui vit des sports d'hiver : cela veut-il dire qu'il faut en même temps transformer tout son écosystème économique et faire face à la fonte des glaciers et au manque de neige ?

L'exemple de la station de ski est excellent parce que le changement climatique y est déjà très visible. L'enneigement a été réduit de près d'un mois depuis un siècle et d'ici les vingt prochaines années, il va encore diminuer, en particulier dans les Alpes. Ça veut dire que des stations qui vivent des sports d'hiver ne vont pas pouvoir continuer leurs activités comme avant. Or ces stations ont été conçues dans les années 1960-1970, sur un modèle très carboné. On a construit des autoroutes et ces grandes barres qui sont aujourd'hui des passoires thermiques. En plus, l'activité est très concentrée dans l'année, c'est un modèle qui a souvent déstabilisé l'économie locale parce que les vallées étaient soit agricoles, soit industrielles. L'« usine à ski » a complètement transformé ces milieux. Il a fallu une politique volontariste de l'État, des accompagnements sociaux, les congés payés, mais aussi un changement de regard sur la montagne. Pour arriver à cette situation, il a fallu environ trente à quarante ans. Ce qui veut dire que si on veut changer de modèle, il faut refaire ce même chemin en sens inverse.

C'est d'abord l'activité de ceux qui travaillent dans ces stations, et qui vivent aujourd'hui du tourisme de montagne, qui est menacée. La première réaction est de se dire qu'on va trouver une solution technique : ça s'appelle le canon à neige. Sauf que ces canons coûtent très cher et qu'ils retardent la réelle adaptation. Ils font croire aux gens, y compris à ceux qui pratiquent le ski, qu'il y a de la neige, et donc qu'on peut continuer artificiellement une activité. Pourtant, si elle ne se transforme pas, elle va disparaître. Ce qui veut dire qu'il faut voir plus loin, l'accompagner et réfléchir à la développer autrement.

La France fait aussi face à une autre menace, celle de la remontée du niveau marin. Là encore, des questions très concrètes se posent : faut-il déplacer des villes ou des villages, certaines industries pourront-elles continuer à opérer en bord de mer ?

Il va vraiment falloir se poser la question, dans les vingt ans à venir, de maintenir, déplacer ou relocaliser, aussi bien pour les industries, les ports, les stations balnéaires que pour les logements, sans compter les infrastructures. Dans certains cas, on va choisir de protéger, donc on va monter des digues, développer des systèmes d'alerte, etc. Ça coûtera très cher, donc on ne pourra pas l'élargir à tout le littoral. Dans d'autres, on pourra peut-être se dire qu'on peut avoir une occupation temporaire, pas sur l'ensemble de l'année. Et puis peut-être qu'à certains endroits il faudra changer d'activité, privilégier une activité agricole plutôt qu'une industrie, par exemple. Peut-être qu'on pourra utiliser certains de ces espaces pour produire de l'énergie. Dans tous les cas, il faut mener une réflexion de planification et d'aménagement.

Mais personne ne peut décider seul de comment on transforme un territoire, compte tenu des impacts colossaux que cela entraîne, sur le plan social et économique notamment.

Prenons la devise « Liberté, Égalité, Fraternité », elle est parfaite pour répondre aux enjeux climatiques. La liberté, c'est de se dire que plus le changement climatique est important, plus les options qui nous restent pour nous adapter et la faisabilité de ces options seront limitées. Autrement dit, plus on tarde à agir, moins on sera libre de choisir. La conséquence de l'inaction, c'est la réduction de notre liberté.

L'égalité émerge en miroir parce que les problèmes de faisabilité et d'efficacité pour s'adapter aux changements sont justement liés aux inégalités, qu'elles soient sociales, économiques, culturelles ou territoriales. Plus largement, les vulnérabilités sont très fortement corrélées aux inégalités. Ça ne veut pas dire que si vous êtes une femme, pauvre, de couleur, dans un territoire marginalisé, vous allez forcément disparaître. Mais ce sera plus difficile pour vous, parce que vous avez déjà moins accès à des ressources qui permettent d'être résilient. La fraternité, c'est la solidarité, et de manière positive ou négative, nous sommes tous solidaires malgré nous.

La destruction d'écosystèmes à dix mille kilomètres de chez moi finira par avoir un impact sur moi, sur ma vie. C'est vraiment un effet domino.

Ces choix n'en restent pas moins extrêmement difficiles à faire. Déplacer des villes ou transformer l'activité économique d'un territoire, ce ne sont pas exactement des mesures très populaires...

La dimension importante à prendre en compte est celle du temps. On a deux options. Une première, qui est d'attendre et, au bout d'un moment, chacun se débrouillera face aux problèmes qu'il rencontrera. C'est un modèle du chacun pour soi : vous choisissez de prendre un risque, vous le prenez. L'autre option, c'est d'accompagner cette transition en se posant les bonnes questions : comment est-ce qu'on accompagne la relocalisation ? Ce n'est pas simplement financier : il s'agit d'offrir des conditions dignes et décentes à ceux qui sont touchés – mais tout cela prend du temps. Un projet d'aménagement d'un territoire se réalise sur dix à vingt ans.

À quel point ces changements sont-ils compatibles avec le rythme des élections nationales ou locales que nous avons ? Cet impératif d'adaptation ne pose-t-il pas un risque pour notre fonctionnement démocratique ?

Il y a une différence entre une vision et un projet collectif national et ensuite des politiques qui déclinent des trajectoires. La question qui se pose aujourd'hui est politique, au sens noble du terme : qu'est-ce qui, en 2030 ou 2040, fera qu'on fait société, qu'on fait encore nation ou patrie ? – choisissez l'expression qui vous convient le mieux selon les bords de l'échiquier politique. Certains voudront plus de liberté, d'autres voudront plus d'égalité. La façon dont on envisage la solidarité ne sera pas forcément la même, mais à un moment donné, c'est ça la démocratie : c'est arriver avec ces visions différentes, antagonistes, en les posant sur la table, en les explicitant et en annonçant où on veut aller. Ce n'est pas aux scientifiques de répondre à cette question, c'est aux citoyens ! Chaque programme politique devrait se positionner en fonction de ces objectifs : est-ce que j'accepte la neutralité carbone ou pas ? Est-ce que j'accepte un tel niveau de dommages ou pas ? Est-ce que j'accepte de maintenir un système de protection sociale ? etc.

On ne voit pas encore ces questions émerger de manière transversale chez la plupart des responsables politiques – ce débat a été quasiment absent de la campagne présidentielle. Qu'est-ce qui vous donne encore l'espoir de pouvoir relever ce défi alors que tous les signaux sont au rouge ?

Là où je suis pessimiste, c'est que mon travail sur les risques m'a démontré que, généralement, l'action efficace n'arrive qu'après des catastrophes. Malheureusement, on n'a jamais été capable de construire des politiques publiques efficaces en amont, et donc c'est souvent la catastrophe qui est un déterminant et un accélérateur.

Je reste optimiste malgré tout, parce que, pour la première fois dans l'histoire de l'humanité, on a le choix de notre avenir. On s'est trouvé, au lendemain de la Seconde Guerre mondiale, dans un pays en ruine, avec des générations décimées, et on a réussi à construire un pays dans lequel il fait bon vivre. Je pense qu'aujourd'hui on est face à une révolution, qui de toute façon arrivera. La seule question qui se pose, c'est : est-ce qu'on la subit ou est-ce qu'on la choisit ?

La question personnelle

Y a-t-il un moment où vous vous êtes dit : « On n'y arrivera jamais » ?

À peu près tous les matins ! Les tendances ne sont pas bonnes, c'est vrai. Mais très vite je repars sur des projections plus positives parce que je sais que l'on peut y arriver. Je note aussi que la succession des événements climatiques fait que la conscience et la volonté d'action montent partout, peut-être pas assez vite, mais quand même, et c'est une bonne nouvelle.

Ce que je retiens

Je retiens trois éléments de cette conversation. La première chose, c'est que faire baisser les émissions de gaz à effet de serre ne suffit pas. Il faut vraiment s'attaquer dès maintenant à adapter nos vies aux conséquences des températures qui montent et du changement climatique. La deuxième brique, c'est qu'il n'y a pas de solutions parfaites : dans ce bazar, il va falloir faire des arbitrages, qui ne seront pas faciles. Comment on modifie les territoires où l'on vit, comment on change nos modes de vie, à quoi on accepte de renoncer ? Le dernier point est crucial : ces choix-là devront donner lieu à des débats démocratiques et à une forme de gouvernance nouvelle pour pouvoir embarquer tout le monde dans cette transformation. Il y a encore un peu de boulot, il me semble.

2.

Comment parler du climat ?

avec Valérie Masson-Delmotte

> Valérie Masson-Delmotte est chercheuse en sciences du climat à l'université Paris-Saclay. Elle est coprésidente du groupe I du GIEC depuis 2015. Elle est également membre du Haut Conseil pour le climat. Elle est coautrice de *Parlons climat en 30 questions*, avec Christophe Cassou (La Documentation française, 2015).

Cette scène m'est encore arrivée à la fin de l'été : je suis là, j'essaie de ranger correctement la poussette de mon fils dans le bus C14 à Lyon sans trop déranger tout le monde. Il fait chaud, très chaud, et il y a un monsieur bien mis qui commence à me parler de la météo. Forcément, « on ne sait plus comment s'habiller avec cette chaleur ». Très vite, il me parle du climat. Je me dis : « Génial, tout le monde commence à s'intéresser aux enjeux climatiques, bonne nouvelle. » Hélas, le monsieur enchaîne : « Tant que les Chinois n'auront pas commencé à faire quelque chose... » Comme je suis poli, je ne dis rien. Et puis il m'explique que « les éoliennes ça ne sert à rien et que, en plus, elles ont des moteurs Diesel cachés ». Je sais pertinemment que tout ce qu'il dit est faux, qu'un Français émet beaucoup plus de gaz à effet de serre qu'un Chinois et que les énergies renouvelables ne fonctionnent pas avec des moteurs – d'autant qu'elles sont indispensables à notre trajectoire climatique. Mais, je dois bien l'avouer, je me suis contenté de sourire, j'ai ramassé la vache Playmobil de mon fils et j'ai sagement attendu mon arrêt.

En fait, j'ai eu la flemme d'engager pour la énième fois cette conversation en me disant que le monsieur, de toute façon, n'allait pas écouter et que j'allais y perdre mon énergie. Je sais que je ne suis pas le seul à m'être retrouvé dans cette situation un millier de fois. Comment faire pour engager des conversations constructives sur la question climatique ? Que ce soit avec des inconnus dans le bus, au sein de son lycée et de sa famille, de son entreprise ou même sur des plateaux télé. Je songe à ce que dit la pédopsychiatre Laelia Benoit (voir chapitre 17). Les jeunes qu'elle reçoit lui confient qu'ils n'osent pas forcément parler des questions climatiques parce qu'ils ont peur de casser l'ambiance dans les soirées, d'être toujours ceux qui rappellent les mauvaises nouvelles. Moi-même, si je ne suis pas aussi jeune que ses patients, je me sens souvent pris dans cet étau. D'un côté, j'ai envie de participer à mon niveau à ce que tout le monde se sente concerné par la question climatique, mais parfois je ne sais pas comment prendre le sujet, comment ne pas braquer mes interlocuteurs et comment ne pas avoir l'air d'un arrogant insupportable. Voilà ce que nous allons explorer avec Valérie

Masson-Delmotte : comment parler du climat de manière utile et efficace dans les conversations autour de nous ? Quels sont les bons exemples à utiliser, les points sur lesquels insister, comment ne pas tomber dans les pièges qui rendent le débat stérile ?

Vous avez été invitée à former les ministres du gouvernement d'Élisabeth Borne au changement climatique. Comment avez-vous abordé ces enjeux avec eux ?

Je suis partie de l'été 2022, un été emblématique des conséquences du changement climatique qui s'aggrave. Les membres de ce gouvernement ont eu à gérer la chaleur extrême, les pénuries d'eau, les incendies, le recul des glaciers, etc. Cette expérience a montré la gravité des enjeux, le fait que l'on n'est pas complètement prêts. Je leur ai expliqué que si on n'agit pas pour le climat, on subira les transformations (ce qui est déjà le cas en partie), alors que si on anticipe, on pourra choisir nos moyens d'adaptation.

Quels exemples ont paru fonctionner avec ce public très particulier ?

Je pense que la question la plus difficile qu'ils m'aient posée était la suivante : « Quel est l'intérêt politique à agir maintenant pour mettre en place des transformations structurelles qui ne porteront leurs fruits que dans plusieurs années ? » C'est une vraie question pour des décideurs politiques. J'ai réfléchi et je me suis dit : ce qui peut les toucher, c'est l'impact sur l'activité économique. Développer les énergies renouvelables, rénover les logements, ce sont les emplois et les services de demain. Encourager ces secteurs d'activité permettra de développer des emplois qui ont du sens, non délocalisables. J'ai cité l'exemple du leadership de la Chine sur la production de batteries et de voitures électriques ou sur les panneaux photovoltaïques et certains ministres ont rebondi en évoquant le plan de Joe Biden qui incite des industriels à s'installer aux États-Unis plutôt qu'en Europe. Il ne s'agit pas simplement d'actions pour le climat mais de bâtir une économie bas carbone.

Vous avez tenu le même genre de discours devant certains industriels, par exemple chez TotalEnergies. Comment parle-t-on du climat à des responsables d'une compagnie pétrolière ?

Je suis intervenue devant les ingénieurs du secteur de la recherche et développement du groupe Total, puis devant le PDG Patrick Pouyanné. Ce qui m'avait frappée, c'était la compréhension des ingénieurs de ces enjeux, c'était leur souhait d'aller plus vite, notamment sur des questions d'efficacité, de sobriété, de solutions abordables pour donner accès à l'énergie tout en réduisant les émissions de gaz à effet de serre. J'essaie de me mettre à la place du secteur d'activité devant lequel j'interviens, en m'appuyant sur les rapports du GIEC, en faisant des retours d'expérience qui permettent de montrer comment dans d'autres contextes certaines entreprises ont pris les choses à bras-le-corps en allant plus vite.

Donc, la bonne technique pour embarquer les gens, c'est de partir des problématiques qui se posent pour elles ou pour eux.

Il faut arriver à se mettre à leur place, essayer de comprendre en quoi cela les concerne, même si ce n'est pas une thématique qui les touche personnellement. Typiquement, quand j'interviens dans une région, je m'informe sur les tendances observées, les travaux qui permettent de relier des événements extrêmes avec l'influence humaine sur le climat, les projections des caractéristiques locales, les impacts majeurs et ce qui peut affecter tel ou tel secteur d'activité. Je me suis aussi formée à la communication, notamment dans le cadre du GIEC. J'ai compris l'importance d'être claire, précise sur les mots mais aussi sur les visuels.

Est-ce que vous réutilisez toujours des exemples ou des ordres de grandeur ou est-ce que vous réadaptez tout en fonction du public que vous avez en face de vous ?

Les deux ! Ce que j'essaie de faire à chaque fois, c'est de montrer la gravité de la situation, mais aussi la capacité à agir. C'est important parce que c'est ce qui permet de se projeter sans être paralysé. Donc je donne des exemples : sur les vagues de chaleur et sur ce qui peut être fait pour limiter leurs effets dans les bâtiments dans les villes, par exemple. J'essaie aussi de ne pas parler qu'à des professionnels dans leur secteur mais à des personnes qui sont attachées à des lieux qu'elles souhaitent protéger et transmettre.

Je comprends comment on peut toucher des personnes spécialisées dans un domaine, mais comment faire pour parler avec des gens qui sont assez loin de ces préoccupations, dans un cadre familial, par exemple ?

Quand on lit les publications scientifiques sur le sujet, ce qui est frappant, c'est que pour parler du climat à des personnes plus âgées, on peut s'appuyer sur différents points :

par exemple, souligner les apprentissages d'un long parcours professionnel ou personnel, remarquer que la sobriété, c'est vivre bien avec moins de gaspillage, ou encore mettre en avant la volonté d'agir dans l'intérêt des plus jeunes.

Sur les termes que vous employez, est-il plus juste de parler de réchauffement climatique, de changement, de dérèglement ?

J'utilise un peu indifféremment réchauffement climatique et changement climatique. On peut dire réchauffement puisque le rejet de gaz à effet de serre conduit à une accumulation de chaleur dans la machine climatique. Le terme de changement climatique est pertinent, parce que ce n'est pas simplement un changement de température mais c'est aussi, par exemple, une intensification du cycle de l'eau, une montée du niveau de la mer, etc. Je n'utilise pas le terme de « dérèglement » parce que j'ai travaillé sur les climats passés, et quand on regarde la longue histoire des variations climatiques, c'est difficile de suggérer que c'était réglé et que ça devient déréglé.

Que répondez-vous aux questions sur les gestes individuels, sur le rôle de chacun ?

Je ne me pose pas en responsable de conscience ; ce qui est important c'est de ne pas être dans l'opinion, mais de mesurer. Par exemple, le site de l'ADEME, « Nos gestes climat », permet de faire son bilan carbone. Une fois que l'on mesure, la question est aussi de savoir sur quel levier on peut agir au niveau individuel mais aussi collectif. Il y a un potentiel d'actions à l'échelle individuelle, de l'ordre de 20 à 25 % de l'action totale possible, avec des contraintes en fonction des revenus qui sont importantes. Plus on a des revenus élevés, plus on peut agir.

Je souligne aussi l'importance de la sobriété, le fait d'éviter des demandes en énergie, en matériaux, en eau, en terre, etc. C'est un potentiel très important de réduction d'émissions et il ne s'agit pas simplement des gestes individuels. On parle de politiques publiques ou des stratégies d'entreprises qui permettent de rendre accessibles des styles de vie sobres en carbone.

L'exemple que je donne souvent, c'est le déplacement à vélo, qui est accessible financièrement. Mais il n'est possible que si on dispose d'infrastructures relativement sécurisées – ce qui illustre le rôle des politiques publiques. Les chocs pétroliers des années 1970 ont permis l'émergence des villes cyclables néerlandaises, dont on mesure maintenant aussi les intérêts en termes de qualité de vie et d'espérance de vie en bonne santé. Donc le bénéfice n'est pas simplement pour le climat, il est aussi pour soi. On dit parfois qu'une heure de vélo c'est une heure d'espérance de vie en plus !

Comment parler de ces questions sans s'énerver quand on voit que des footballeurs prennent des jets privés pour aller jouer un match à deux heures de Paris en train ?

On a besoin d'être bienveillants sur les questions climat et on a besoin d'ambassadeurs dans le monde du sport, des arts, de la création, qui fassent rêver, qui touchent des millions de personnes. Si on avait des gens comme Kylian Mbappé qui montraient l'exemple, cela aurait beaucoup plus d'influence que tout ce qu'on peut dire, nous, les scientifiques.

Comment répondez-vous aux arguments qui relativisent l'importance du sujet, celui qui dit, par exemple, que la France ne pèse rien dans les émissions mondiales ?

Quand j'ai commencé à faire des interventions publiques, j'ai vite pris de plein fouet une série d'argumentaires. Dans un premier temps, il s'agissait d'arguments climatosceptiques, de déni du rôle de l'influence humaine, de la gravité des risques, ou des risques futurs ou même de la capacité à agir. Aujourd'hui, ils prennent une forme plus masquée, plus insidieuse, celle de multiples discours d'inaction. Ce sont autant d'alibis que l'on se donne pour ne pas agir. Ils ont d'ailleurs été cartographiés par des chercheurs en science sociales qui en ont fait une publication que j'ai adorée[1], parce qu'elle donne un cadre à des réactions que j'entends en permanence. Ce sont par ailleurs des argumentaires construits, en particulier sur les réseaux sociaux.

Quels sont ces discours d'inaction dont vous parlez ?

Par exemple : si les États-Unis ou la Chine n'agissent pas, alors pourquoi devrions-nous, en France ou en Europe, agir à leur place ? Ou bien que la France ne pèserait que 1 % des émissions mondiales, ou que tel secteur d'activité, comme les jets privés ou le sport, un « pouième » d'émissions, alors à quoi bon… Cela prend aussi la forme de tergiversations : pourquoi changer, par exemple, nos pratiques de mobilité, basculer sur des transports en commun, des mobilités actives,

1. W. F. Lamb *et al.*, « Discourses of climate delay », *Global Sustainability*, vol. 3, 2020, e17, 1-5.

des véhicules électriques si demain une autre solution technologique est disponible, comme la voiture à hydrogène qui nous permettrait de ne rien changer à nos pratiques ? Il serait donc urgent d'attendre ! Cela peut prendre aussi des formes très perverses qui consistent à suggérer que l'action pour le climat est socialement injuste – alors que ne pas agir est ce qui exacerbera le plus les inégalités. Cela peut prendre la forme de renoncements, c'est-à-dire estimer que c'est trop tard, qu'autant baisser les bras et se replier sur soi. En France, il y a en plus l'argument que « notre électricité nucléaire est décarbonée, alors ce n'est pas à nous d'agir »… en oubliant que tout le reste de l'énergie vient du pétrole, du gaz et du charbon.

Arriver à rendre visibles ces discours est très utile, je les intègre toujours à mes présentations. Ce qui est intéressant et inattendu, c'est que, quand on a passé en revue ces alibis sur l'inaction, les personnes qui les exprimaient peuvent commencer à réfléchir et même devenir sources de propositions.

Dans les discours sur le climat, la publicité joue un rôle de plus en plus important. Tout ce qu'on vend est « vert », « propre », « zéro émission », comment savoir ce qui relève du « greenwashing » et ce qui est sérieux ?

Le problème de fond avec la publicité, c'est qu'elle véhicule des messages qui sont parfois en dissonance complète avec les enjeux de l'action pour le climat. Je me souviens d'un groupe d'étudiants qui avaient obtenu un emplacement dans le métro parisien pour une affiche avec un lien vers le rapport du GIEC. Mais juste à côté, il y avait une publicité pour une compagnie aérienne low-cost, qui proposait des week-ends en Europe à

35 euros l'aller-retour. L'incohérence est frappante. Le fait même que l'on ne puisse pas montrer les embouteillages, la pollution de l'air, l'encombrement de SUV, est un vrai problème. Il me semble qu'aujourd'hui les chartes éthiques de la publicité sont déphasées par rapport aux enjeux, à la fois pour le climat mais aussi pour la sobriété, qui est l'un des leviers d'action qui permettront de passer le cap de la crise d'approvisionnement énergétique actuelle. C'est un point qui était ressorti dans les échanges de la Convention citoyenne pour le climat, mais concrètement la mise en œuvre a été très limitée.

L'une des leçons de cette Convention citoyenne, c'est que tous les citoyens peuvent s'approprier les enjeux climatiques, même les plus complexes, et arriver à des propositions concrètes.

L'expérience de la Convention citoyenne a beaucoup bénéficié des échanges entre ces Français d'horizons différents, qui ont confronté leurs regards, leurs points de vue, qui ont utilisé leur esprit critique pour parvenir à des propositions qu'ils soutenaient majoritairement. L'exercice était intéressant. C'est aussi quelque chose que j'ai observé à de multiples reprises avec des adolescents, dans des lycées, ou même dans des entreprises. Parfois un groupe, dans sa dynamique, peut proposer des ruptures, davantage même que ce qui était anticipé au départ.

Comment aborder ces sujets climatiques dans le cadre familial, où parfois des générations peuvent s'opposer sur la question des modes de vie par exemple ?

Les situations sont multiples ! Les personnes qui ont grandi avec un niveau de vie beaucoup plus bas qu'aujourd'hui observent parfois avec stupéfaction le style de vie de leurs enfants ou petits-enfants et peuvent être des mines de connaissance sur comment vivre en ayant un usage sobre des ressources. De ce point de vue, on valorise les savoirs des plus âgés. D'un autre côté, les plus jeunes peuvent faire évoluer les réflexions dans les familles, grâce aux liens qui nous relient, et pas seulement sur ce qui nous oppose. Il faut arriver à construire les conditions d'un dialogue. J'ai un souvenir de fête de famille, dans le Berry, dans la famille de mon mari. Il y a eu une discussion à bâtons rompus entre des gens qui ont des horizons et des styles de vie très différents. C'était frappant de voir à la fois cette unanimité des plus jeunes et l'écoute attentive des plus âgés, qui n'ont pas non plus envie d'être complètement décalés. Parfois, c'est plus compliqué : j'ai plusieurs fois entendu des lycéens et des lycéennes qui expliquaient leur détresse de ne pas réussir à parler de ces enjeux-là avec leurs grands-pères, par exemple.

Qu'est-ce qui vous donne encore de l'espoir malgré toutes ces difficultés ?

On a tergiversé pendant plusieurs dizaines d'années, donc là on est dans le dur, c'est vrai. Mais on a aussi des connaissances qui sont beaucoup plus fines, qu'on peut mobiliser pour agir, non pas en regardant dans le rétroviseur, mais en regardant vers l'avant, en anticipant. Et puis enfin, il y a des solutions disponibles, qui ne l'étaient pas il y a quinze ou même dix ans, technologiquement matures, pour lesquelles l'enjeu est d'arriver à changer d'échelle. Ce que je constate chez beaucoup de gens, c'est une envie d'agir plus rapidement et de manière plus concrète.

La question personnelle

Y a-t-il une action qui a fait particulièrement évoluer votre bilan carbone ces dernières années ?

La pratique du vélo. Ce qui a tout changé pour moi, c'est le fait d'avoir des pistes cyclables sécurisées et des vélos électriques. J'appelle ça le « téléphérique intégré », qui permet de traverser une vallée matin et soir et d'aller travailler sans être en nage ou épuisée ; pour moi, c'est aussi un enjeu de bien-être, je trouve cela assez formidable de pédaler sur un vélo !

Ce que je retiens

Si je dois retenir quelques grandes lignes de conduite de ce que nous a dit Valérie Masson-Delmotte sur comment parler du climat, je ferais une liste en cinq points.

D'abord parler du climat avec bienveillance, ne pas braquer son cousin et sa grand-mère, chercher ce qui nous rapproche plutôt que ce qui nous éloigne. Il vaut mieux dire : « Toi aussi tu es concerné » plutôt que : « Tu es un vieux schnock dingo, tu n'écoutes rien. » Le deuxième point, c'est de se mettre à la place de son interlocuteur. Quand Valérie Masson-Delmotte va parler aux ingénieurs de Total, elle cherche d'abord ce qui les concerne, ce qui va les intéresser et c'est comme ça qu'elle espère les embarquer dans la réflexion et dans l'action. Le troisième aspect, c'est de ne pas hésiter à montrer que la situation est grave. C'est vrai, c'est un peu déprimant de répéter « On n'est pas sur la bonne trajectoire, on a perdu du temps », mais ça montre aussi qu'on a encore une capacité d'agir en s'appuyant sur ce que disent les scientifiques – et pour ça on peut utiliser des exemples de solutions concrètes qui fonctionnent déjà, qui nous aident à nous passer des énergies fossiles et à consommer moins d'énergie. Je retiens aussi l'idée qu'il faut refuser les discours d'inaction, du type : « On ne peut rien y faire, c'est déjà trop tard », et les considérer comme une forme de déni climatique. Dire qu'on ne peut rien faire, ça signifie que l'on ne *veut* rien faire. Pour autant, elle insiste sur l'idée qu'il ne suffit pas de dénigrer ces discours, il faut les démonter patiemment, calmement, avec bienveillance encore. Le cinquième point que je retiens, c'est la méfiance vis-à-vis de la publicité et des messages de communication : rien n'est parfaitement propre ou vert !

Évidemment, je trouve passionnants les principes que pose Valérie Masson-Delmotte pour avoir une meilleure conversation sur le climat, et j'aimerais bien me les appliquer à moi-même la prochaine fois que je croise le monsieur du bus. Je vois bien qu'elle a cette patience inlassable de remettre pour la millième fois le climat au milieu du village, de reparler des faits, d'expliquer les choses calmement. Mais, en l'écoutant, je suis quand même saisi d'un doute. Je me demande si l'approche bienveillante et pédagogique est suffisante ? En complément, ne faut-il pas aussi se laisser la place d'exprimer l'anxiété, la colère, la détresse qui nous saisissent parfois ? Comment faire pour combiner ces deux stratégies qui nous paraissent parfois contradictoires, d'un côté cette pédagogie si rationnelle et de l'autre côté ces sentiments qui nous envahissent ?

3.

Comment sauver les glaciers ?

avec Heïdi Sevestre

Heïdi Sevestre est glaciologue, membre du Conseil de l'Arctique et travaille dans un programme de surveillance et d'évaluation des pôles qui s'appelle AMAP, Arctic Monitoring and Assessment Programme. Elle est aussi exploratrice des glaces, notamment sur le Svalbard, un archipel glacial et gigantesque situé bien au-delà du cercle polaire. Elle a également reçu la médaille Shackleton pour la protection des régions polaires. Elle est l'autrice de *Sentinelle du climat* (avec Isabelle Marrier, HarperCollins, 2023).

En 2021, j'ai passé l'été à Chamonix, en Haute-Savoie. Comme des milliers de touristes chaque année, j'ai embarqué avec mes parents et ma fille à bord du train du Montenvers, qui permet de se retrouver face à un célèbre glacier : la Mer de Glace. Ce n'est pas exactement une expérience solitaire. On est entassés avec tous ceux qui ont eu la même idée et qui font des selfies au même endroit, mais il faut bien reconnaître que la vue sur les montagnes est magnifique. Seulement voilà, il y a une quinzaine d'années, on prenait une télécabine pour descendre au plus près du glacier, mais maintenant il faut en plus descendre 550 marches pour arriver au but. Tout au long de la descente il y a des plaques commémoratives qui marquent les anciens niveaux du glacier ; plus on descend, plus on se rend compte à quel point le glacier a reculé et plus on comprend que la fonte s'accélère. En cent cinquante ans, la Mer de Glace a reculé de 2,7 kilomètres. Autrement dit : plus on descend, plus on déprime.

J'ai 41 ans et je me rends compte que c'est de mon vivant, pendant la durée de ma vie, que la fonte du glacier s'est accélérée. C'est une sensation assez bizarre, comme un rétrécissement du monde sous nos yeux. C'est d'autant plus étrange que la plupart des gens qui visitent la Mer de Glace n'ont pas l'air vraiment préoccupés par cette question. Moi-même, je dois dire que j'ai préféré montrer les statues de glace à ma fille plutôt que de lui servir un énième discours sur le changement climatique. Mais je ne peux pas m'empêcher de penser que si elle revient un jour, dans cinq ans, dix ans, vingt ans, il n'est pas sûr qu'il reste grand-chose à visiter.

Pourquoi les glaciers et les pôles sont-ils si fragiles face au réchauffement climatique ? Pourquoi sont-ils si importants pour nos vies sur cette planète ? Comment faire face à cette fonte accélérée ?

On dit souvent que les pôles et les glaciers sont les zones les plus vulnérables face au changement climatique. Si on était complètement *honnêtes, on devrait dire qu'ils sont vulnérables aux émissions de gaz à effet de serre et donc directement victimes de notre utilisation du pétrole, du gaz, du charbon. Récemment, une étude rappelait que 1 kilo de CO_2 émis c'est 15 kilos de glacier qui fondent. Plus les températures montent, plus la glace fond, c'est assez logique. Ce qui est moins évident, ce sont les conséquences de cette fonte des glaces sur nous, sur la vie des humains sur cette planète. Que change cette fonte accélérée ?*

Les glaces sont capitales pour nous. On y pense rarement parce qu'elles sont tellement lointaines… dans les très hautes montagnes ou dans les régions polaires. Mais notre quotidien et notre futur dépendent de la santé de ces glaces. Je parle des glaciers, des calottes polaires, le Groenland et l'Antarctique, mais aussi de toutes les autres glaces comme le permafrost, le sol gelé en permanence. Ces glaces, ce sont les meilleurs baromètres des dérèglements climatiques. Si les températures augmentent, elles se rétrécissent. Mais elles sont aussi très sensibles aux changements de précipitations, comme de la neige : plus il y a de neige, plus les glaciers sont contents, moins il y a de neige, plus ils se rétrécissent. Ces glaces sont importantes pour un tas de raisons mais la première sur laquelle je voulais insister c'est que ces glaces nous aident à stabiliser le climat. Aujourd'hui, 10 % des surfaces émergées sur Terre sont recouvertes de glace, c'est immense, je pense qu'on a du mal à se représenter ce que ça veut dire. Et ces surfaces blanches agissent un peu comme un miroir : elles ont cette capacité de réfléchir les rayons du Soleil en direction de l'espace, ce qui maintient ces espaces de montagnes et ces régions polaires froides. Et le fait d'avoir des pôles froids et des hautes montagnes froides stabilise le climat partout sur

Terre. Donc aujourd'hui le fait que l'Arctique réagit très vite au dérèglement climatique, que l'Arctique se réchauffe, perturbe le climat jusque chez nous en France.

Cette perte de glace a d'autres conséquences, par exemple la montée des eaux, ou des conséquences sur l'approvisionnement en eau potable.

Ces glaces sont notre plus grande réserve d'eau potable sur Terre. Quand on pense au glacier de l'Himalaya, on parle vraiment d'un château d'eau, ce sont des milliards de personnes qui vont dépendre de l'eau des glaciers tout au long de l'année, surtout en période hors mousson. Aujourd'hui, si on faisait fondre – je n'espère pas, je ne le ferais pas si j'avais une baguette magique – toutes les glaces sur Terre, le niveau des océans augmenterait de 65 mètres. C'est monumental. Entre 0 et 10 mètres d'altitude sur les littoraux sur Terre, on trouve 700 millions de personnes ! Avec des villes très actives, des espaces économiques florissants. Même si on perd une toute petite partie de cette glace, les conséquences seront importantes.

Pourquoi l'augmentation des températures a-t-elle autant d'impact, notamment sur les pôles ?

Parce qu'un cercle vicieux est en train de se mettre en place. Avec l'augmentation des températures, les glaces fondent et prennent de moins en moins d'espace et lorsqu'elles se retirent, elles laissent place à des espaces qui sont beaucoup plus foncés, comme des roches. Ces surfaces plus foncées absorbent beaucoup plus rapidement le rayonnement solaire, donc elles se réchauffent et accélèrent encore davantage la fonte de la glace environnante. C'est en partie pour cela qu'aujourd'hui les

Alpes françaises se réchauffent deux fois plus vite que le reste de la planète : elles perdent leur surface de neige et de glace ; on détecte exactement le même phénomène dans les régions polaires, que ce soit en Arctique ou en Antarctique.

Ça veut dire que, par exemple, pour les glaciers du Mont-Blanc ou certaines régions des Alpes, il va falloir s'habituer à voir ces glaciers rétrécir, voire disparaître ?

Nous sommes engagés sur une trajectoire vers laquelle nous allons perdre pratiquement tous ces glaciers des Alpes d'ici la fin du siècle, donc dans les soixante-dix à quatre-vingts prochaines années, si on continue à émettre autant de gaz à effet de serre. Malgré les efforts qui sont mis en place, les annonces, les stratégies des différents pays, aujourd'hui les concentrations de CO_2 continuent à augmenter dans l'atmosphère et les glaciers réagissent très vite à cette augmentation. Si nous continuons dans cette perspective, nous allons véritablement perdre nos châteaux d'eau, nos ressources d'eau potable dans les Alpes, d'ici la fin du siècle.

Ce que je trouve particulièrement inquiétant, c'est cette idée qu'il pourrait y avoir une sorte de point de non-retour même si ensuite on parvenait à une bonne trajectoire de transition climatique. Est-ce trop alarmiste de dire les choses comme cela ?

Il faut dire les choses telles qu'elles sont. Pour l'instant, nos observations sur le terrain sont pires que les pires modèles de prévisions de nos modèles mathématiques. La situation est vraiment en train de s'accélérer, au point que le rythme de notre science n'est pas assez rapide. Pourquoi parle-t-on beaucoup de point de bascule en ce moment ? Parce que ces calottes polaires ont un point de bascule que l'on arrive de mieux en mieux à cerner. Si par exemple le Groenland, qui fait trois fois la taille de la France, venait à perdre sa glace, il y aurait à peu près 7 mètres d'augmentation du niveau des mers. Pour l'Antarctique, on atteindrait 58 mètres d'augmentation du niveau de la mer. On sait que ce point de bascule est autour de 1,5 °C de température moyenne globale pour le Groenland et l'Antarctique de l'Ouest. Si on dépasse ce seuil de température, pas simplement de quelques semaines ou de quelques mois, si on le dépasse allègrement, on va déclencher un phénomène irréversible de déstabilisation de ces calottes polaires. Par exemple, au-delà de ces limites, on ne pourra plus arrêter la perte de glace du Groenland.

Quand on dit 1,5 ou 2 °C, c'est la température moyenne à l'échelle du globe, c'est la trajectoire des Accords de Paris pour atteindre la neutralité carbone…

Exactement, c'est ce qu'on nous rabâche à longueur de journée, mais il y a une vraie raison physique derrière ce seuil de température. Ça ne veut pas dire que ce sera la fin du monde, bien au contraire, mais ça veut dire qu'en termes d'adaptation, ça nous demandera des efforts considérables, parce qu'on ne contrôlera plus ce phénomène.

J'aimerais bien qu'on revienne sur le permafrost, cette surface qui reste glacée toute l'année, qui recouvre une partie importante de la surface du globe. Pourquoi est-ce un problème ? Peut-il y avoir là aussi un point de bascule ?

Le permafrost, c'est absolument fascinant. Il faut comprendre que dans l'hémisphère Nord, 25 % de nos terres sont du permafrost – qu'on appelle aussi pergélisol. C'est un sol qui reste gelé, et qui nous rend pas mal de services. C'est un puits de carbone ; jusqu'à maintenant il a absorbé une partie des émissions de gaz à effet de serre liées à nos activités. Le souci, c'est que le permafrost est fait de glace, donc forcément, quand le thermostat augmente, le permafrost peut se mettre à dégeler. C'est un peu comme une pizza congelée qu'on sort du congélateur et qu'on laisse dehors à son propre sort. Quand le permafrost dégèle, toute la matière organique dans ce permafrost dégèle aussi. Les microbes et les bactéries se mettent à manger cette matière organique et, en la mangeant, rejettent des gaz à effet de serre – dont le méthane, qui est un gaz à effet de serre extrêmement puissant.

On parle parfois de « pays du permafrost » quand on parle du climat, de quoi s'agit-il ?

Aujourd'hui, on estime que les émissions du permafrost dans l'hémisphère Nord sont à peu près équivalentes aux émissions de gaz à effet de serre d'un pays comme le Japon. Plus on attend, plus ce « pays » risque de devenir gros, plus ses émissions vont augmenter. On sait que si on passe la barre des 2 °C de réchauffement, le permafrost va émettre autant de gaz à effet de serre que l'Union européenne tout entière d'ici à la fin du siècle. Si on continue encore au-delà, + 3 °C, le permafrost émettra autant que les États-Unis et ce pendant cent à cent cinquante ans au moins. Donc il faut prendre très au sérieux ce permafrost. C'est un point capital parce qu'une fois qu'on commence à dégeler le permafrost, ça devient très compliqué d'arrêter ce cercle vicieux. À l'avenir, ce que nous pourrons contrôler, nous les humains, ce sont nos propres émissions de gaz à effet de serre ; ce qu'on ne pourra pas contrôler, ou très peu, qu'on pourra à peine essayer de ralentir, ce sera le dégel du permafrost et ses propres émissions de gaz à effet de serre.

L'un de vos terrains d'étude est un archipel très au-delà du cercle polaire qui s'appelle Svalbard. Pouvez-vous nous décrire les conséquences concrètes à l'un des endroits de la planète qui se réchauffent le plus vite ?

Le Svalbard, pour moi, en tant que glaciologue, c'est juste le paradis sur Terre. C'est au cœur du haut Arctique norvégien, à mi-chemin entre le nord de la Norvège et le pôle Nord, c'est très difficile d'aller encore plus au nord. Il y a une université là-bas où j'ai fait mon doctorat. 60 % des terres sont recouvertes de glace, tout le sol est fait de permafrost. Aujourd'hui, c'est vraiment l'endroit qui se réchauffe le plus vite sur Terre. Le Svalbard se réchauffe six à sept fois plus rapidement que le reste de la planète.

On est dans un royaume glacé qui subit de plein fouet le fruit de nos activités humaines. Ce qu'on voit au quotidien est vraiment dingue, il n'y a – presque – pas besoin de faire des études là-bas pour comprendre que l'environnement est bouleversé par le dérèglement climatique. La première chose qu'on voit c'est qu'il y a des bâtiments qui ont déjà dû être évacués parce que malheureusement ils sont déstabilisés à cause du dégel.

C'est un désert arctique, normalement c'est un endroit très sec, où il y a quand même des chutes de neige pendant l'hiver mais qui restent très limitées. Or aujourd'hui, avec l'augmentation des températures, les masses d'air peuvent contenir plus d'humidité. C'est-à-dire qu'il neige beaucoup plus qu'avant. Le problème c'est qu'elles provoquent des avalanches au cœur de la ville de Longyearbyen, la capitale du Svalbard, qui ont déjà fait des victimes. Donc on peut très clairement parler des premières victimes, là-bas, liées directement au changement climatique. Sur place, j'ai vu des glaciers qui perdent chaque année des quantités pharaoniques de glace.

Au fur et à mesure de vos différents voyages, avez-vous vu le paysage changer, les limites des glaciers bouger, la faune et la flore être transformées ? Est-ce aussi rapide que ça ?

Très clairement. En fait, on a l'impression de ne plus reconnaître l'environnement qu'on connaît par cœur. Cela fait treize ou quatorze ans que je travaille au Svalbard, j'y ai fait une partie de mes études et ensuite j'ai travaillé là-bas. On est complètement bouleversés par ce qu'il se passe. On a des cartes pour partir sur le terrain, on ne reconnaît plus du tout la forme des glaciers, ils ne ressemblent plus à grand-chose. Mais aussi, l'environnement devient extrêmement dangereux. C'est ce qui est vraiment très difficile, pour nous les scientifiques, une fois sur place, cette météo complètement bouleversée qui devient extrême.

Vous avez cette expérience en Arctique mais vous êtes originaire de Haute-Savoie. Constatez-vous aussi ces changements dans les Alpes françaises ?

Absolument. Je n'en reviens pas de voir à quel point les glaciers sont en train de se retirer de nos Alpes. Pour moi, c'est vraiment toute mon enfance, mon adolescence. C'est terrible de voir ce qu'il s'y passe, mais il faut utiliser ces paysages pour partager des messages forts, pour éduquer les jeunes, les moins jeunes générations et ceux qui font des selfies au Montenvers, sur l'importance de ces glaciers. La Mer de Glace est un glacier qui permet de produire de l'hydroélectricité, c'est aussi notre château d'eau dans les Alpes. Il faut savoir qu'en 2003, pendant la canicule, on avait mesuré que 40 % des eaux du Rhône venaient des glaciers des Alpes. Donc son débit pourrait être impacté si les glaciers disparaissent. Or c'est notre agriculture, l'irrigation, le refroidissement des centrales nucléaires, le tourisme qui en dépendent. Pour moi, c'est un peu des membres de ma famille qui petit à petit s'effilochent et disparaissent.

J'imagine que si je vous demande ce qu'on peut faire, vous allez me dire qu'il faut arrêter de consommer du gaz, du pétrole, du charbon… mais ces énergies fossiles, on les trouve aussi en Arctique. Est-ce une question que vous prenez en compte, l'idée qu'il y a aussi une bataille pour les ressources pétrogazières et minières en Arctique et qu'avec le réchauffement un certain nombre de ces ressources peuvent être plus accessibles ?

Je ne suis pas du tout naïve par rapport à cette question des énergies fossiles : je sais qu'on ne peut pas arrêter du jour au lendemain. Notre civilisation, notre société est sous perfusion des énergies fossiles encore aujourd'hui, et l'Arctique malheureusement, c'est vraiment un énorme marché en termes de ressources en gaz, pétrole, mais aussi en charbon. Aujourd'hui, on sait que si on veut éviter de dépasser les 1,5 °C, il ne faut absolument pas toucher aux réserves pétrolières et gazières de l'Arctique. C'est plus facile à dire qu'à faire, parce que certains pays sont très concernés par le sujet, on parle de la Russie maintenant, mais il y a aussi des pays comme la Norvège, le Canada et les États-Unis. Ça va être très compliqué de faire en sorte qu'on ne touche pas à ces réserves alors qu'elles sont à disposition. La Norvège continue d'ouvrir de nouveaux espaces à l'exploitation du gaz et du pétrole. Notre travail, c'est justement d'expliquer que ce n'est pas cette vision à court terme qui va nous sauver. Il faut avoir ce courage, cette ambition, ce leadership de se dire : « On sait qu'il y a des ressources dans l'Arctique, mais on n'y touche pas. »

Quels types d'actions spécifiques pourraient être mis en place pour essayer de limiter les dégâts ? Ces derniers étés, notamment dans les Alpes italiennes, on a vu l'idée d'étendre des bâches sur les glaciers… est-ce qu'on va finir par peindre les montagnes en blanc ?

Peindre les montagnes en blanc a déjà été fait, au Pérou, il y a plus de dix ans. Puisqu'il n'y avait plus de glacier, un ingénieur avait testé ce système pour réfléchir les rayons du soleil et refroidir ces montagnes, ça n'avait pas marché. Les bâches blanches, comme solution pour protéger les glaces, ou du moins pour les préserver le plus longtemps possible, on sait que ça fonctionne bien sur des espaces très limités. Par exemple, dans des stations de ski qui ont besoin de préserver ces glaciers pour relier deux pistes de ski. Mais ce n'est pas sans conséquences : le coût est énorme, ces bâches sont très lourdes, ça demande beaucoup d'énergie. On sait aussi qu'elles se dégradent en partie pendant l'été et que le produit de cette dégradation se retrouve dans l'eau de fonte, dans les rivières : on a plein de microplastiques qui se baladent dans nos rivières alpines à cause de ces bâches. Ce n'est pas du tout une solution réaliste pour sauver les glaciers.

Certains avancent désormais l'idée de modifier artificiellement le climat, ce qu'on appelle la géo-ingénierie, en particulier pour limiter l'impact des rayonnements solaires sur les pôles. C'est une piste à explorer ?

Cette idée de refroidir l'Arctique est inspirée des volcans. Une grosse éruption volcanique, très explosive, émet des particules jusque dans la stratosphère. Ces particules bloquent une partie du rayonnement solaire qui arrive à la terre et peuvent avoir comme impact régional de réduire la chaleur qu'on reçoit du soleil. L'idée serait donc de bombarder la stratosphère de particules de façon complètement artificielle pour bloquer une partie du rayonnement solaire et refroidir l'Arctique.

Il faut d'abord dire qu'il y a 7 millions d'habitants dans l'Arctique, répartis dans huit pays différents. Qui sommes-nous pour oser penser à bloquer une partie du rayonnement solaire au-dessus de cette région ? La deuxième chose, c'est le coût que ça engendrerait, mais aussi le fait que ça mettrait notre climat sous perfusion. C'est très dangereux parce qu'il suffit d'une instabilité politique ou d'une crise financière pour mettre ce programme à mal. Et le jour où on arrêtera, la terre risque de se réchauffer très rapidement, de gagner plusieurs degrés en quelques années, avec des conséquences absolument désastreuses. Aujourd'hui, quand je pense à ces pseudo-solutions, ça m'effraie parce qu'on a vraiment l'impression de jouer au petit chimiste. Nous, les scientifiques, savons qu'il y a encore beaucoup de réactions liées au climat que nous ne comprenons pas tout à fait, alors qui sommes-nous pour oser perturber encore plus ce système ?

Y a-t-il des solutions plus locales, que ce soit au niveau des communes des Alpes françaises ou des communautés vivant en Arctique, qui peuvent être mises en place pour essayer de limiter les conséquences de la fonte des glaces ?

Oui, la question qui se pose d'abord c'est de protéger les ressources en eau qu'on a actuellement. Protéger tout ce qui est zones humides, tourbières, toutes ces régions qui sont comme des éponges naturelles, qui vont stocker l'eau de la fonte des glaciers ou l'eau de pluie, des rivières, et la redistribuer naturellement toute l'année. Essayer d'utiliser moins d'eau, mieux gérer cette ressource.

Le constat que vous faites sur la situation des glaciers est assez dur mais vous restez relativement optimiste. Qu'est-ce qui vous donne de l'espoir ?

J'ai de l'espoir parce que je sais que les solutions sont déjà là, qu'on a toutes les cartes en main aujourd'hui pour éviter le pire. Je suis convaincue que la base de l'action c'est déjà de comprendre ce qu'il se passe, de comprendre pourquoi nos gouvernements veulent mettre en place des régulations, des lois, qu'on trouve contraignantes alors qu'il y a une vraie raison scientifique derrière. Pour moi, c'est très clair : si on arrive à rendre ces connaissances scientifiques accessibles au plus grand nombre, on va pouvoir gravir la montagne que l'on a devant nous. Je le constate tous les jours. J'essaie vraiment de donner tout mon temps à rendre ces connaissances accessibles, et je le vois quand il se passe quelque chose dans la tête des gens, quand ils comprennent ce qu'il se passe, et la première chose qu'on me dit c'est : « Qu'est-ce que je peux faire à mon niveau ? » C'est ça la clé. Une fois que les connaissances sont acquises, immédiatement on a envie d'agir.

La question personnelle

Y a-t-il quelque chose qui vous a récemment mise hors de vous d'un point de vue climatique ?

Il y a quelques annonces dernièrement qui m'ont fait mal. J'ai entendu notamment que les Jeux olympiques asiatiques d'hiver se dérouleront en Arabie saoudite en 2029. J'ai cru à une blague au début, mais c'est vrai, ça va avoir lieu sur des montagnes qui font 2 000 à 2 500 mètres d'altitude, où il n'y a pas de neige, où tout sera créé artificiellement. Comment est-ce que ce genre de décision a pu être pris alors qu'il n'y a plus aucun doute sur l'impact des activités humaines sur le climat et qu'on y perd tous ? Ce genre d'événement sportif n'a plus aucune raison d'être, très clairement.

Ce que je retiens

La première chose à laquelle j'ai pensé en réécoutant cet entretien avec Heïdi Sevestre, c'est à une phrase de la diplomate Laurence Tubiana, dans un autre entretien de *Chaleur humaine*, à propos des négociations climatiques : « Personne n'a dit que ce serait facile, mais en fait on n'a pas d'autre choix que d'agir. » C'est vrai, la situation des glaces est catastrophique, mais si j'ai voulu qu'on aborde cette question, ce n'est pas pour se recueillir ensemble sur leur disparition ou pleurer sur des descentes en luge qui n'auront plus lieu, c'est plutôt parce que les glaciers sont un système d'alerte incroyablement précieux dans la bataille contre le changement climatique. C'est en discutant avec Heïdi Sevestre que j'ai compris la formule favorite des climatologues : « Chaque degré compte. »

Ce que je retiens de ce qu'elle explique c'est qu'on est dans une spirale de la *lose* : plus le réchauffement s'accentue, plus il fait fondre la glace. Et plus la glace fond, plus le réchauffement s'accélère. C'est une menace pour des centaines de millions de gens, pour nos réserves d'eau potable, pour notre avenir tout court.

Je retiens aussi que les solutions technologiques ou techniques qu'on peut tester ne s'attaquent pas à la racine du problème, plutôt à certaines des conséquences. En réalité, on ne va pas peindre les montagnes en blanc, on ne va pas les recouvrir entièrement de grandes bâches. Et non, on ne va pas faire comme les Orques de la Terre du Milieu dans *Les Anneaux de pouvoir*, et créer une fausse éruption volcanique pour modifier le climat.

Que nous reste-t-il ? Deux choses qui, je crois, sont essentielles. D'abord réduire le plus rapidement possible notre utilisation collective du gaz, du pétrole, du charbon, des énergies fossiles, et la manière la plus simple d'y arriver c'est de baisser notre consommation d'énergie au niveau individuel et collectif. Mais on sait aussi, et c'est la deuxième brique à garder en tête, que nous n'allons pas éviter des événements climatiques extrêmes ; il est donc urgent de prévoir des plans d'adaptation qui soient à la hauteur de la situation. Cela signifie qu'il faut réfléchir dès maintenant à comment on vit sur les littoraux, à comment on va gérer les ressources en eau potable, c'est-à-dire aux conséquences sur les humains (à côté de chez nous mais aussi partout dans le monde) du réchauffement qui est déjà là.

4.

Comment lutter contre la sécheresse ?

avec Florence Habets

Florence Habets, hydroclimatologue et directrice de recherche au CNRS, est spécialiste de la ressource en eau en France, notamment des nappes souterraines.

Quand on a grandi en ville comme moi, la sécheresse est un concept assez lointain. Pendant longtemps, si je suis honnête avec moi-même, c'est un mot qui m'évoquait plutôt des romans de science-fiction comme *Dune* de Frank Herbert ou *Sécheresse* de J. G. Ballard – ou *Mad Max*, ce film où des humains survivent sur une planète complètement desséchée en se livrant à une intense et stupide guerre des gangs. Et puis, il y a dix ans, je suis tombé amoureux, et grâce à celle qui allait devenir mon épouse, j'ai découvert un des plus beaux endroits de France, le sud de la Corrèze. J'y ai passé un été chez mon beau-père berger. Cette année-là, le sol était tellement sec qu'il était impossible de planter des piquets pour installer les clôtures pour les brebis. Et l'herbe avait tellement brûlé qu'il a fallu faire venir du foin dans la région depuis l'autre bout de la France par train spécial afin de nourrir les bêtes. Je dois reconnaître qu'à l'époque j'avais trouvé ça un peu romantique comme dans la chanson de Dalida, *Le jour où la pluie viendra*. Surtout, je croyais que c'était un événement exceptionnel qui n'arrivait qu'une fois dans la vie d'un éleveur.

Depuis, j'ai dû me rendre à l'évidence. Les sécheresses sont devenues de plus en plus présentes dans nos vies, de plus en plus visibles aussi, et ce n'est pas près de s'arrêter. En France, l'été 2022 en a été une illustration. Ce qui me fait penser à ce que disait la géographe Magali Reghezza-Zitt. Elle expliquait que les événements climatiques extrêmes – et notamment les extrêmes secs – allaient se multiplier et qu'il fallait apprendre à faire avec. Cela veut-il dire que l'on est condamnés à de longues périodes de sécheresse chaque année ? Les outils que l'on utilise pour faire face à ce manque d'eau sont-ils efficaces ? Comment faire pour à la fois limiter les effets de la sécheresse et reconstituer nos réserves en eau ?

Historiquement, on définit la sécheresse comme un événement rare, pourtant les sécheresses qui s'annoncent vont être plus longues mais aussi plus récurrentes : est-ce à dire que l'on entre dans une nouvelle période de l'Histoire où l'on va avoir affaire à des nouveaux types de sécheresses ?

En effet, normalement un épisode de sécheresse est un épisode qui doit arriver rarement, et pas tout à fait au même endroit. Il y en a tous les ans, mais ça reste rare localement. Or, dans le futur, cela va devenir de plus en plus fréquent ; malheureusement, c'est une des conséquences majeures du dérèglement climatique.

Pourquoi le changement climatique provoque-t-il plus de sécheresses ?

Il entraîne des modifications des précipitations, qui ne seront pas forcément les mêmes sur toute la France. On s'attend à avoir moins de pluies dans le Sud ; dans le Nord, c'est un petit peu plus flou. Le réchauffement provoque la hausse des températures mais aussi un déficit d'humidité dans l'air qui va s'accentuer. Ce qui veut dire que l'atmosphère a besoin de prendre plus d'eau dans le sol. La conséquence, c'est que l'eau va s'évaporer plus vite, et sera perdue pour la végétation. Donc les périodes avec un manque d'eau dans les sols, dans les rivières et dans les lacs seront plus longues.

On a déjà connu dans le passé de grandes sécheresses, en 1949 ou en 1976. Qu'est-ce qui diffère dans les événements actuels ?

La plupart des sécheresses des cinquante dernières années ne duraient pas plus de quelques mois, comme par exemple celle de 2003. La sécheresse de 1949 est assez emblématique parce qu'elle a duré plusieurs années. C'est vraiment le type de sécheresse que l'on aura dans le futur – des déficits en eau qui vont durer plus longtemps et qui vont mettre à mal les moyens qu'on a aujourd'hui pour se préserver de ces sécheresses plus courtes que l'on connaît.

Quelles sont les conséquences d'une sécheresse aujourd'hui, si l'on compare avec celles des dernières années ?

D'abord, notre société a énormément évolué dans son rapport à l'eau. En 1949, il n'y avait pas d'eau potable chez les gens, c'est une différence notable ! Aujourd'hui, si on n'a pas de l'eau au robinet, beaucoup d'activités sont touchées. Malheureusement, ça arrive quand même régulièrement ; tous les ans, certaines villes ou certains départements sont désormais concernés par des restrictions. Si on devait revivre une sécheresse de trois ans, comme en 1949, les impacts sociaux et économiques seraient vraiment brutaux. L'une des illustrations, c'est ce qui se passe en ce moment en Californie. Ils vivent des sécheresses longues, leurs réservoirs se vident avec des impacts très forts sur la production d'électricité, sur l'irrigation et sur le fonctionnement des villes. Nous risquons de connaître un peu la même chose, avec des épisodes secs beaucoup plus intenses que dans le passé.

Que se passe-t-il dans une ville qui n'a plus d'eau sur la longue durée ? On fait venir l'eau par camions-citernes ?

Dans certains endroits, les communes ont réussi à réalimenter des châteaux d'eau, ce qui fait que les gens avaient quand même de l'eau au robinet et qu'ils ne se sont pas vraiment rendu compte de la pénurie. Mais il faut beaucoup de camions pour alimenter les châteaux d'eau ! Dans d'autres cas, on doit se contenter de bouteilles. Ce qui veut dire que l'eau se limite à un usage sanitaire, on n'a plus d'eau dans les toilettes, on ne peut plus se doucher comme d'habitude.

Il faut bien comprendre que c'est un problème de quantité mais aussi de dégradation de la qualité de cette eau. Le fait qu'il y ait moins d'eau et qu'il fasse plus chaud favorise la multiplication de certaines bactéries, de certaines algues qui dégradent la qualité de l'eau et la rendent non potable. C'est arrivé en 2021 et 2022 en France métropolitaine, mais aussi en Martinique, avec des coupures d'eau très régulières, plusieurs heures par jour.

Y a-t-il aussi un impact sur la production d'électricité : d'une part pour les barrages, qui représentent 11 % de la production électrique en France, mais aussi pour les centrales nucléaires, qui ont besoin d'eau pour refroidir leurs réacteurs ?

Les centrales nucléaires, pour se refroidir, ont besoin d'un minimum de débit, parce qu'elles doivent pomper un certain volume d'eau. Pour un seul réacteur nucléaire, il y a dix mètres cubes seconde qui sont pris – il en rejette quasiment la totalité, mais il y a quand même un mètre cube seconde qui s'évapore. Et puis il y a un deuxième effet, c'est celui de la température : l'eau rejetée est plus chaude, or on doit respecter des normes pour ne pas rejeter de l'eau bouillante dans la rivière – on n'est pas là pour cuire les poissons. Mais comme la température est souvent trop élevée, il arrive assez régulièrement que des centrales s'arrêtent à cause de cela.

L'autre point qu'il faut évoquer, ce sont les conséquences sur l'agriculture, et notamment sur les cultures irriguées.

L'irrigation ne représente que 6 % de la surface agricole en France, on ne peut donc pas la généraliser à l'ensemble de l'agriculture en France. Ce qui veut dire qu'il faut préserver une agriculture qui continue de produire sans irrigation. Or on développe des irrigations dans des zones agricoles où il y a déjà peu de ressources en eau et des limitations. Le risque que ça nous amène à une impasse est accru.

Pour économiser l'eau, qu'est-ce qui pèse le plus ? Nos gestes individuels ont-ils du poids ou des changements plus profonds de modèle sont-ils nécessaires ?

Les deux comptent, mais pas forcément à la même échelle de temps ! Les petits gestes sont d'autant plus importants en période de déficit. Il faut bien comprendre que, même si l'eau du robinet finit par retourner dans le milieu naturel, ce n'est pas sans impact. L'eau qui a été prélevée dans le milieu a été potabilisée, on lui a fait subir un tas de traitements, cela a consommé de l'énergie, elle a été envoyée dans de la tuyauterie, et pendant ce temps-là elle n'a pas coulé dans la rivière, elle n'a pas alimenté les poissons, etc. Ensuite, on est obligé de la retraiter en aval pour la dépolluer avant de la réinjecter dans le milieu. Ce sont des process conséquents dont on ne se rend pas compte quand on ouvre l'eau du robinet. Économiser sur ces process peut aider à réduire nos impacts de la consommation d'eau. Finalement, ce qu'il faut, c'est ne pas gâcher l'eau d'une manière générale comme il ne faut pas gâcher la nourriture ! Quand on parle de sobriété, c'est valable pour tous les sujets. Effectivement, les petits gestes ne suffiront pas pour faire face aux sécheresses, mais ils sont quand même très importants.

Quels sont les dispositifs qui existent pour faire face à la sécheresse, par exemple dans des zones agricoles très exposées ?

C'est compliqué. On est sur des systèmes très dépendants de cette ressource en eau et quand elle manque, les gens perdent beaucoup. Une première piste, c'est la diversification, c'est-à-dire ne pas tout miser sur des cultures très consommatrices d'eau. Par exemple, dans le Sud-Ouest ça évolue un peu, les maraîchages commencent à se développer et les cultures du maïs remontent un petit peu vers le nord de la France. La concentration de monocultures dans des régions entières, c'est très problématique – même si c'est plus simple à gérer pour la filière. La meilleure solution pour réduire les problèmes quand il y a une sécheresse, c'est d'anticiper. Si on était capable de dire un an auparavant : « L'année prochaine, il y aura un déficit qui fait que vous ne pourrez pas irriguer », cela permettrait aux agriculteurs d'essayer de trouver d'emblée une autre réponse. On réduirait alors les pertes pour les agriculteurs et on n'entrerait pas dans un cycle néfaste où certains essaient quand même de prélever l'eau, ont un impact sur le milieu, et finissent par tout perdre à la fin.

C'est notamment le débat autour des retenues d'eau, par exemple dans le Poitou. Les opposants estiment que ces mégabassines sont une appropriation de l'eau. Est-ce un outil d'adaptation face aux sécheresses ?

C'est une région dans laquelle il y a un déficit en eau régulier, des arrêtés sécheresse quasiment tous les ans, parce qu'il y a trop de pompage dans les rivières et dans les nappes phréatiques. Cela fait déjà plus de dix ans qu'on fait face à ces problèmes. La solution qui a été trouvée, c'est d'arrêter de pomper tous en même temps en été, et de prélever plutôt l'hiver, dans ces bassines. On espère ainsi régler un problème actuel : je décale un petit peu mes prélèvements, donc j'ai moins de pression en été. Si le climat était constant, ce serait peut-être une solution raisonnable.

Mais ce raisonnement est-il encore valide dans un climat qui change ?

Non, ce n'est pas du tout gagné. On peut déjà savoir que ce ne sera pas une solution, parce que cette piste du stockage d'eau a été expérimentée dans beaucoup de pays et n'a conduit qu'à des impasses, notamment à être de plus en plus dépendant d'une ressource qui se raréfie, ce qui oblige ensuite les élus à créer de nouveaux stockages pour faire face à la crise. C'est un cercle vicieux, ce que certains appellent le « verrouillage technique ». On peut s'attendre à ce que cette solution ne soit pas pérenne, surtout en cas de sécheresses longues.

On a souvent tendance à privilégier des solutions de court terme parce qu'elles coûtent moins cher ou demandent moins de changements dans les usages.

Le changement demande un effort, c'est certain. On donne de l'argent public pour ces retenues et on ne favorise pas tellement les solutions qui seraient plus résilientes sur le long terme, sans doute plus difficiles à mettre en place. C'est ce qui génère différentes formes de conflits car les pratiques qui misent plutôt sur la résilience du sol pour supporter des cultures en période sèche sont un peu moins rentables et nécessitent des aides.

Y a-t-il d'autres exemples de mauvaise adaptation ?

Le manque de volonté de réduire la pollution de l'eau. La France a des masses de litres d'eau de mauvaise qualité. On se dote de plans sur les nitrates ou sur les pesticides mais avec relativement peu de succès, voire un insuccès complet. Or la ressource en eau n'est pas qu'une quantité, c'est aussi une qualité. Quand on a moins d'eau et qu'en plus elle est dégradée, on n'a plus d'eau du tout ! Les efforts pour une reconquête d'un bon état de l'eau ne sont pas à la hauteur de l'enjeu. Pour y arriver, il faut réduire drastiquement ces intrants chimiques. Cela demande de mettre en place des solutions en rupture par rapport à l'agriculture conventionnelle, c'est compliqué mais indispensable, parce que la situation ne fait que s'aggraver.

Quelles seraient les pratiques agricoles qui préserveraient ou permettraient de mieux utiliser la ressource en eau ?

Les pratiques agricoles favorables au cycle de l'eau sont celles qui permettent un meilleur usage de l'eau dans le sol lui-même. Quand l'eau de pluie peut rester un peu dans les sols plutôt que de s'écouler en surface et créer des ruissellements, des inondations, avec de l'érosion du sol, on est gagnants. On a perdu une partie de cette capacité avec les pratiques conventionnelles d'agriculture parce que l'on a compacté les sols qui ont perdu de la matière organique. Finalement, tout cela cumulé a été défavorable à l'hydrologie des sols. Il existe maintenant des pratiques de conservation des sols qui permettent de réduire le labour, de favoriser une présence des cultures sur les parcelles, donc pas de sol nu, etc., c'est favorable. Et bien sûr, il y a aussi l'agriculture biologique et une autre pratique très intéressante, l'agroforesterie.

De quoi s'agit-il ?

C'est une agriculture qui engendre beaucoup de cobénéfices, pour les sols ou la biodiversité, grâce à des parcelles pas trop grandes, des bocages, des haies, etc. Un système aussi que l'on rencontre de plus en plus dans le nord de la France mais qui n'est pas encore très commun, c'est le fait d'avoir des arbres, notamment des arbres fruitiers au milieu d'une parcelle de céréales, par exemple.

L'intérêt c'est que cette végétation est pérenne, avec des racines profondes, et peut bénéficier d'une eau qui n'a pas été utilisée par la végétation. Le système racinien va permettre aussi de développer une porosité du sol puis une conductivité de l'eau dans les sols très favorable. Elle permet une vie du sol plus riche et même des symbioses avec la culture. Il y a aussi le fait que ces arbres apportent une litière qui génère un humus et également de l'ombre qui peut être intéressante pendant les périodes de canicule et un obstacle au vent qui réduira l'évaporation. Donc les effets sont multiples, à la fois sur le sol et sur le microclimat, ainsi que sur la biodiversité : cela attirera plus d'animaux qui pourront nuire aux ravageurs des cultures, cela aussi est bénéfique.

Y a-t-il aussi de bonnes pratiques pour un meilleur usage de l'eau en milieu urbain ?

C'est difficile. On crée parfois des « écoquartiers », mais ce sont des zones qu'on a artificialisées complètement, cela peut paraître antinomique. Il y a quand même moyen d'améliorer la situation des villes, un bon exemple existe à Douai (Nord), qui a même mis en place des démonstrateurs pour que les autres communes puissent venir s'inspirer de leurs pratiques. Il faut par exemple désimperméabiliser, c'est très important, et réduire l'artificialisation des sols, c'est-à-dire arrêter de continuer à artificialiser ; l'un des objectifs de la loi Climat est le zéro artificialisation nette (ZAN)… on en est loin ! En réalité, il faudrait un objectif de zéro artificialisation brute parce qu'il faut arrêter de prendre des terres qui ne sont actuellement pas artificialisées pour construire dessus. On comprend bien que l'enjeu dépasse le niveau individuel, c'est vraiment les collectivités qui doivent s'investir à ce niveau-là.

Qu'est-ce qui vous permet de garder espoir ?

Je suis raisonnablement optimiste ! Je me dis que l'on a à la fois atteint un maximum de connaissances et que les impacts sont tellement évidents maintenant que l'on va peut-être passer plus facilement à l'action. Même si cette action coûte cher, on se rend compte progressivement que l'inaction nous coûte encore plus. Peut-être que c'est ce qui va permettre à la transition d'avoir lieu, même s'il reste encore un long chemin à parcourir.

La question personnelle

Quel conseil donnez-vous aux gens qui vous demandent comment économiser l'eau ?

On pense forcément aux petits gestes comme ne pas laisser couler l'eau dans la douche, mais à vrai dire ce n'est pas tellement ceux-là que je souligne ! Je crois qu'il faut faire plus attention à ce que l'on consomme, regarder la provenance, acheter des fruits au bon moment. Et limiter au maximum les déchets, qui ont un impact très fort sur le milieu aquatique. Même si ce n'est pas toujours facile, on peut éviter les bouteilles et les gobelets en plastique, par exemple.

Ce que je retiens

Je savais à quel point le réchauffement était un problème pour nos ressources en eau, pour la quantité d'eau dont on dispose, mais dans cette conversation avec Florence Habets, j'ai compris qu'il menaçait aussi la qualité de l'eau. D'une part, on va avoir moins d'eau potable disponible, et, d'autre part, si on ajoute la pollution liée aux pesticides et aux nitrates, on voit bien qu'il y a un sujet majeur. Elle dit aussi que pour préserver l'eau, nos gestes individuels comptent, mais elle précise que c'est dans les moments de tension que ces gestes de sobriété, de changement de comportement, ont un impact très fort.

J'ai aussi été frappé par ce qu'elle disait sur la question de l'irrigation. Je pensais naïvement qu'il suffirait d'irriguer plus pour faire face aux périodes de sécheresse. C'est en réalité plutôt l'inverse : dans un monde qui se réchauffe, on ne pourra pas continuer à utiliser les mêmes méthodes. Florence Habets explique aussi très bien que la tentation d'avoir recours à des solutions de court terme, comme ces réserves d'eau à grande échelle, les mégabassines dans le Poitou ou les méthodes d'irrigation intensive, est une illusion. On préfère penser que cela coûtera moins cher sur le court terme plutôt que de changer toutes nos pratiques agricoles. Les politiques publiques sont souvent mal orientées sur le sujet ; l'argent n'est pas investi sur des solutions de long terme, il est mis à disposition de solutions rapides qui évitent les problèmes politiques ou les explosions sociales. Je dois reconnaître que c'est là où j'ai le plus de mal à comprendre comment faire.

Les pratiques agricoles dont parle Florence Habets, celles qui protègent l'eau, la biodiversité, celles qui produisent moins de carbone, comme l'agriculture biologique, ou l'agroforesterie, l'agriculture de conservation des sols, demandent plus d'argent, plus de soutien public, et aussi plus de personnes, plus d'emplois. Or, trouver des dizaines de milliers de personnes prêtes à aller travailler dans les champs, c'est difficile. D'autant qu'il y a déjà de nombreux agriculteurs en train de partir à la retraite et qui ont du mal à être remplacés. Comment rendre attractifs ces métiers essentiels et longtemps dévalorisés ?

II.
Accro aux énergies

5.

Comment rompre avec les énergies fossiles ?

avec Céline Guivarch

Céline Guivarch est directrice de recherche à l'École des ponts et économiste au CIRED (Centre international de recherche sur l'environnement et le développement). Elle est coautrice du dernier volet du sixième rapport d'évaluation du GIEC. Elle est membre du Haut Conseil pour le climat et a reçu en 2020 le prix Irène Joliot-Curie de la jeune femme scientifique.

Quand j'étais adolescent, j'étais fan des romans de science-fiction de Frank Herbert. Dans *Dune*, la ressource la plus importante s'appelle l'Épice, elle permet à la fois de voyager à travers l'espace et c'est dans le même temps une sorte de drogue. Alors quand j'ai commencé à m'intéresser aux questions d'énergies et de climat, je n'ai pas pu m'empêcher de comparer l'Épice à notre usage du pétrole. Le pétrole nous sert pour tout dans la vie, c'est la base de nos économies modernes, et, comme pour l'Épice, nous en sommes devenus dépendants, nous n'arrivons pas à nous en débarrasser. Cela m'a frappé quand j'ai commencé à devenir journaliste énergie au service économie du *Monde*. Comme tout le monde, je croyais – pour avoir vu des éoliennes à la télé et des pubs pour des véhicules électriques – qu'on allait plutôt dans la bonne direction ; en fait, c'est plus compliqué que ça.

Le premier chiffre qui saute aux yeux, c'est que 80 % de la consommation d'énergie mondiale vient des énergies fossiles : du pétrole, du gaz, du charbon, mais ce qui est encore pire, c'est que c'était déjà le cas il y a trente ans. Et là où j'ai pris vraiment un gros coup au moral, c'est quand je me suis rendu compte qu'en plus de cette proportion identique énorme, son volume a énormément augmenté ! Il y a trente ans, on consommait 60 millions de barils par jour, aujourd'hui c'est 100 millions. Ce gros coup au moral, je sais bien que je ne suis pas le seul à l'avoir ressenti, et d'ailleurs je le constate dans les e-mails que je reçois de la part des auditrices et des auditeurs du podcast.

Il faut dire que le chemin qui est devant nous n'est pas exactement pavé de jasmins et d'orangers en fleurs. Le réchauffement qui s'accélère, la biodiversité en grave danger et surtout l'ampleur des efforts qu'il faut fournir pour baisser massivement les émissions de gaz à effet de serre, honnêtement il y a de quoi paniquer. D'ailleurs, dans les courriers que je reçois, je retrouve surtout deux catégories : les gens qui pensent que c'est catastrophique et qu'on n'y arrivera jamais, et celles et ceux qui pensent que « Si si ! On va bien y arriver parce qu'on finit toujours par trouver une solution ». Pourtant, entre la déprime climatique et le fait de fermer les yeux en remuant les orteils joyeusement, il y a une voie possible. Cette voie est celle des solutions dont on dispose pour décarboner nos économies afin de sortir des énergies fossiles, et c'est justement ce que fait le dernier volet du dernier rapport du GIEC.

Le dernier rapport du GIEC, auquel vous avez participé, explique que nous disposons déjà des moyens pour faire baisser de moitié ces émissions entre maintenant et 2030. Quelle est la priorité pour rester sur la trajectoire fixée par l'Accord de Paris sur le climat ?

La première chose à faire, c'est d'arrêter immédiatement tout ce qui va dans la mauvaise direction ! C'est-à-dire ce qui continue à nous enfermer dans une dépendance vis-à-vis des énergies fossiles et des activités qui sont néfastes. Par exemple – on le voit bien dans le rapport du GIEC –, les connaissances scientifiques nous montrent que les infrastructures existantes qui nécessitent des énergies fossiles pour fonctionner ne doivent pas aller jusqu'à la fin de leur durée de vie – les centrales à charbon, les voitures thermiques, les bateaux du commerce international, etc. Si on les utilise jusqu'à la fin de leur durée de vie technique, on sature déjà en termes d'émissions le budget qui nous permet de rester sous 1,5 °C d'augmentation de la température du globe, ce qui est l'objectif qu'incite à tenir l'Accord de Paris.

Il faut donc avancer la « date de péremption » de certaines centrales à charbon, de certains sites pétroliers ou gaziers ?

Nous devons cesser de faire ce qui est contraire à nos objectifs, c'est-à-dire cesser d'investir dans des centrales à charbon, par exemple, mais aussi cesser de construire des villes très étalées, qui nous rendent dépendants de voitures thermiques polluantes. Cela devrait se traduire aussi en termes d'investissements : le manque d'investissements dans les solutions, en particulier dans certains domaines comme le transport, l'agriculture ou la foresterie, est criant par rapport aux besoins.

La deuxième brique pour suivre la bonne trajectoire et se débarrasser des énergies fossiles, c'est donc de mettre l'argent au bon endroit ?

Voilà. C'est un point important relevé dans le rapport du GIEC : la question n'est pas de trouver de l'argent supplémentaire. Quand on regarde l'épargne mondiale disponible, les flux de capitaux disponibles sont là. C'est vraiment de réorienter des investissements vers les solutions, au plus vite, au lieu de continuer à trop investir dans les énergies fossiles, qui sont la cause principale du réchauffement climatique.

Il y a d'ailleurs un autre point frappant dans ce rapport, c'est l'idée que, si les investissements sont faits de manière sérieuse, il est possible de suivre la trajectoire de l'Accord de Paris, mais aussi d'atteindre d'autres objectifs de développement.

Il ne s'agit pas de penser : « On fait tout comme d'habitude, et puis, par ailleurs, on réfléchit à réduire les émissions de gaz à effet de serre. » Au contraire, il nous faut regarder comment on peut réduire nos émissions tout en atteignant des objectifs d'amélioration de la santé pour tous, de réduction des inégalités, de réduction de la faim dans le monde, etc. Les synergies sont très fortes entre les différents secteurs. C'est le cas, par exemple, entre la combustion d'énergies fossiles et les questions de santé. Le CO_2, en particulier, donne lieu à des émissions de gaz à effet de serre, mais aussi à des émissions de polluants locaux et de particules plus ou moins fines qui génèrent des maladies respiratoires, cardiovasculaires, certains cancers. Donc réduire la combustion d'énergies fossiles, c'est aussi améliorer notre santé. Il y en a d'autres exemples, comme la mobilité. En France, la sédentarité est une question de santé publique. Le fait de favoriser le vélo ou la marche est un atout pour la santé et permet, quand c'est pertinent, de réduire les émissions de gaz à effet de serre du secteur des transports.

Pour remplacer les énergies fossiles, le rapport du GIEC s'appuie sur un développement massif des énergies renouvelables, principalement le solaire et l'éolien. Quel rôle jouent ces technologies dans le fait de rompre avec les énergies fossiles ?

Parmi les possibilités dont nous disposons pour réduire les émissions de gaz à effet de serre, il y a effectivement l'adoption de technologies, en particulier les énergies renouvelables. Quand le solaire et l'éolien remplacent du charbon, du gaz et du pétrole, ils permettent de réduire les émissions de gaz à effet de serre mais aussi, dans certains pays, d'avoir un accès à l'électricité sans nouvelles émissions de gaz à effet de serre ou presque – excepté celles émises pour la fabrication des éoliennes ou des panneaux solaires. Il faut aussi dire qu'on a appris énormément et que les coûts de ces technologies ont été beaucoup réduits. En dix ans, les coûts d'installation des panneaux solaires ont été divisés par dix environ. Même chose pour les batteries des véhicules électriques ou pour le stockage d'électricité : leur coût en dix ans a été à peu près réduit de 85 %. Donc, au fur et à mesure qu'on déploie les solutions, on progresse. D'autres types d'actions sont efficaces : investir dans l'isolation des bâtiments pour obtenir un confort thermique, aussi bien l'hiver que l'été, avec une faible consommation énergétique. Les options sont multiples, mais il est important de comprendre que l'on parle de transformation des modes de production et de consommation. Il s'agit bien de repenser notre urbanisme, nos infrastructures collectives, pour donner accès aux alternatives aux énergies fossiles à tout le monde.

Une autre notion est présente pour la première fois dans le rapport du GIEC : la sobriété. Toutes les trajectoires sérieuses qui nous permettent de conserver une planète habitable imposent une réduction massive de la consommation d'énergie. Que veut dire cette notion dans l'esprit du GIEC ?

La sobriété, c'est « l'ensemble des politiques, des mesures, des pratiques quotidiennes qui permettent d'éviter des demandes d'énergie, de matériaux, de biens, de terre, tout en assurant le bien-être de tous les humains dans les limites planétaires ». Il faut bien noter que la question du bien-être est au cœur de cette notion, c'est important. On voit également en filigrane celle des inégalités : on vit dans un monde qui est extrêmement inégal entre pays et au sein des pays en termes de revenus, d'émissions de gaz à effet de serre.

Une définition comme celle-ci ne fait pas nécessairement l'unanimité au sein du GIEC. Le fait d'insister sur ce point engage l'ensemble des États signataires.

Quand on est auteur pour un rapport du GIEC, c'est au titre de notre expertise scientifique, pas pour défendre les intérêts des pays dont on est originaire. Ce qui est important, c'est que le résumé de référence du rapport, qu'on appelle « résumé pour décideurs », est examiné et approuvé mot à mot par l'ensemble des pays signataires. Ce qui veut dire que la définition que je vous ai donnée a été approuvée par l'ensemble des pays du monde. C'est assez fort.

Quand on regarde de manière plus précise, tout ce qui va réduire la demande d'énergie est évalué comme étant de l'ordre de 40 à 70 % de réduction d'émissions de gaz à effet de serre à l'horizon 2050. Concrètement, dans les bâtiments, régler son thermostat 1 ou 2 °C en dessous de ce qu'on aurait fait habituellement permet d'éviter une demande d'énergie. C'est la même chose lorsqu'on peut éviter un déplacement de marchandises ou de personnes, éviter un déplacement international en le remplaçant par une réunion à distance. Ensuite, il y a des actions portant sur la réduction de la demande d'énergie qui passent par de l'efficacité énergétique : quand on isole un bâtiment pour assurer un confort thermique avec moins d'énergie, par exemple. Mais ces deux notions sont compatibles : par exemple, avoir des véhicules qui sont plus légers, c'est à la fois de la sobriété, parce que pour les produire on va utiliser moins de matériaux et de ressources, et de l'efficacité énergétique, parce que pour les déplacer on va avoir besoin de moins d'énergie. Et puis, enfin, il y a des actions qui sont plutôt de l'ordre de l'amélioration, comme dans les bâtiments, installer des panneaux solaires sur le toit pour avoir une production décentralisée d'énergie.

L'exemple du bâtiment est intéressant – en France, il s'agit d'environ 20 % des émissions de gaz à effet de serre –, puisqu'il montre qu'on peut mener toutes ces actions de front : baisser la température du chauffage, mieux isoler le bâtiment avec une rénovation d'envergure et installer des panneaux photovoltaïques.

Tout à fait, cela peut se conjuguer. Un autre élément extrêmement clair dans l'état des connaissances et dans le rapport du GIEC, c'est que ce potentiel d'action n'est pas de la responsabilité du consommateur final, et de petits gestes individuels. Il s'agit ici en priorité d'actions collectives de transformation de nos villes, de nos infrastructures, de construction de ces alternatives et même de transformation de nos organisations sociales, de nos normes sociales, pour mettre en œuvre des solutions qui sont viables et compatibles avec le bien-être.

Cette sobriété, c'est l'idée de produire moins d'objets, de consommer moins d'énergie, de matériaux, de conserver les choses plus longtemps : ce n'est pas très compatible avec la manière dont fonctionne l'activité économique aujourd'hui.

C'est vrai, les transformations dont on parle impliquent des changements majeurs des normes sociales, des organisations, des infrastructures, des villes, etc. Sur les biens industriels manufacturés, on a des leviers sur l'efficacité énergétique, pour fabriquer des produits qui utilisent moins de matériaux, moins de ressources, moins d'énergie. Mais on est face aussi à des questions plus fondamentales : de quels biens parle-t-on ? Sont-ils plus durables, plus réparables, recyclables ? Et puis, quels services nous rendent-ils ? À quoi nous servent-ils ?

Le GIEC donne-t-il une recette, une manière d'arriver à ces objectifs qui paraissent parfois hors de portée ?

Le rapport du GIEC fait l'état des connaissances scientifiques, il ne dit pas ce qu'il faut faire, je pense que c'est important de bien le comprendre ! La mise en œuvre nécessite des débats démocratiques au sein des États, les scientifiques ne peuvent pas s'y substituer. Évidemment, il y a des politiques publiques qui peuvent être efficaces pour réorienter les productions.

D'accord, mais certaines politiques publiques fonctionnent dans certains pays et peuvent servir d'exemple, les scientifiques peuvent s'en saisir. Si on regarde la question de la baisse de la consommation d'énergie, on comprend bien que c'est un objectif de longue durée, mais qu'il est particulièrement difficile à atteindre en réalité. Ce qui donne l'impression que, sans volonté politique très forte, rien de tout cela n'arrivera.

Une transition de cette ampleur va-t-elle se passer toute seule ? La réponse est non. On est en train de parler de transformations majeures de tous les grands systèmes. Bien sûr, cela demande des politiques publiques ambitieuses, fortes, coordonnées à tous les échelons, depuis les territoires en passant par les régions, les pays, les organisations supranationales, etc. Pour la France, l'Europe est évidemment un niveau important pour les réglementations. L'échelon international est essentiel aussi pour la question de la solidarité internationale face au changement climatique, le transfert de technologies, le financement international des actions, etc. Et, évidemment, ces transformations ne vont pas se faire d'elles-mêmes, elles requièrent des politiques publiques pour permettre d'enclencher les investissements dont on parle, mais aussi pour s'assurer que personne ne sera laissé sur le bord du chemin.

Mais justement, tout le monde n'est pas d'accord sur les priorités des politiques publiques à déployer. Par exemple, plusieurs acteurs de l'énergie défendent l'idée qu'il faut continuer à développer du gaz, qui est une énergie fossile, parce qu'il est moins émetteur que le charbon. Qu'en pensez-vous ?

La question qu'on peut se poser en permanence est la suivante : les actions menées vont-elles dans la bonne direction et sont-elles compatibles avec le fait d'atteindre en quelques décennies zéro émission de CO_2 ? À ce titre, un investissement nouveau dans une énergie fossile – par exemple dans le gaz – risque de perpétuer des émissions sur une longue période. Une centrale qui produit de l'électricité à partir de gaz, ce sont des émissions pendant au moins une trentaine d'années. Les choix d'aujourd'hui peuvent nous « enfermer » dans des émissions, sauf si on décide d'abandonner certaines choses, de ne pas rentabiliser certains investissements. Remplacer du charbon par du gaz, ça réduit les émissions de gaz à effet de serre, certes, mais ça reste une énergie fossile et c'est plus difficile d'en sortir dans un deuxième temps.

C'est ce que les experts appellent le « verrouillage », le risque de se lier les mains pour longtemps en réinvestissant dans des énergies fossiles. On en comprend la logique, mais c'est incroyablement difficile, comme l'ont montré les débats sur l'augmentation du prix du carburant ou du gaz avec la flambée des cours de l'énergie en 2022.

Cela montre, encore une fois, que c'est une question internationale et qu'on a besoin de coordination entre les États sur le sujet pour ne pas juste déplacer des émissions ou la propriété des émissions, comme lorsque certaines centrales à charbon sont vendues à une autre entreprise pour pouvoir afficher un meilleur bilan environnemental. Et, là encore, c'est une question de politique publique, pour que les investisseurs prennent en compte les risques liés à l'investissement dans les énergies fossiles qui ne le sont pas aujourd'hui.

En France, il y a un débat très vif sur le nucléaire : Emmanuel Macron défend l'idée de construire au moins huit nouveaux réacteurs de troisième génération EPR, la gauche et les écologistes y sont majoritairement opposés. L'un des arguments pour reprendre le développement de l'énergie nucléaire est qu'elle émet peu de gaz à effet de serre. Quelle place occupe le nucléaire dans le dernier rapport du GIEC ? Cette technologie peut-elle jouer un rôle important ?

Dans le chapitre du rapport qui se penche sur l'énergie et les solutions d'atténuation, le nucléaire est évalué et il est vrai qu'il génère peu d'émissions de gaz à effet de serre, même s'il pose d'autres questions. La construction émet du CO_2, mais pas la production d'électricité en tant que telle. Il fait partie des solutions de production d'électricité bas carbone. Mais, à l'échelle mondiale, le potentiel le plus important, et en particulier à court terme, concerne les énergies renouvelables, solaire et éolien. Notamment parce que les objectifs de 2030 sont très proches de nous – dans seulement sept ans, alors que le nucléaire a besoin de temps pour être développé.

À l'horizon 2030, on sait déjà que très peu de nouveaux réacteurs seront raccordés au réseau au niveau mondial, parce que effectivement les travaux sont assez longs et peuvent durer entre cinq et quinze ans. Donc le nucléaire peut jouer un rôle mais pas avant 2040. Est-il pour autant indispensable dans tous les scénarios du GIEC ?

Ce que fait le GIEC, c'est qu'il évalue des scénarios prospectifs sur les trajectoires de réduction d'émissions de gaz à effet de serre. C'est un travail important, produit par des chercheurs de différents endroits dans le monde : on a collecté et analysé un peu plus de deux mille trajectoires – elles arrivent à des moyennes de températures différentes selon les options choisies. Si on regarde celles qui sont compatibles avec le fait de rester au-dessous de 2 °C d'augmentation de la température du globe ou de 1,5 °C, il y a quand même différentes combinaisons possibles, différents leviers d'action et de choix technologiques possibles.

Certaines trajectoires ont été volontairement construites par les chercheurs en se passant de certaines technologies, comme de nouveaux réacteurs nucléaires, ou en se passant de technologies encore à l'état de prototype, comme la capture et la séquestration du CO_2. En revanche, il n'y a pas de trajectoires qui se passent d'un déploiement massif des énergies renouvelables à l'échelle mondiale.

La question personnelle

Prenez-vous encore l'avion ?

J'ai arrêté de prendre l'avion en 2017. C'est presque ironique, ma seule exception, c'était pour une réunion du GIEC ! On a quatre semaines de réunions de travail avec tous les auteurs, sur une durée de trois ou quatre ans. On a eu la première à Édimbourg, en Écosse, où je suis allée en train. Mais la suivante était à New Delhi, j'ai bien regardé les options en train mais ce n'était pas raisonnable, alors j'y suis allée en avion. Les deux autres ont eu lieu en ligne, du fait de la pandémie.

Ce que je retiens

Si je dois retenir une chose de l'analyse de Céline Guivarch, c'est que nous avons beaucoup de cartes en main pour faire cette transformation. On a les technologies nécessaires, l'éolien, le solaire. On a l'argent. On sait qu'on doit faire baisser la consommation de tout le plus rapidement possible. On sait qu'il y a des chemins avec ou sans nucléaire, des scénarios avec plus ou moins de sobriété. Le GIEC propose beaucoup de trajectoires et c'est aux sociétés de décider dans quelle direction elles veulent aller. Je retiens aussi qu'on n'a pas « trois ans pour agir », comme on l'a lu parfois, mais zéro an. Plus on attend, plus ça va nous compliquer la vie.

Ce qui manque principalement, c'est comment s'y prendre dans la vie au quotidien, comment on change nos modes de vie collectivement et pas juste au niveau individuel. Comment faire en sorte que ces analyses du GIEC puissent donner lieu à des politiques publiques qui aient un impact concret et rapide ? L'une des difficultés principales que je retiens, c'est comment faire pour mettre en œuvre concrètement les politiques climatiques, aller au-delà des discours d'intention et faire en sorte que les trajectoires du GIEC soient accompagnées de trajectoires de changement de nos modèles économiques. Comment faire pour passer aux travaux pratiques ?

6.

À quoi ressemble une France sans énergies fossiles ?

avec Thomas Veyrenc

Thomas Veyrenc est directeur exécutif en charge du pôle stratégie, prospective et évaluation chez RTE (Réseau de transport d'électricité). Il a piloté le rapport « Futurs énergétiques », publié en 2021, qui a dessiné plusieurs scénarios de décarbonation de la France.

Je me rappelle très bien le premier jour où j'ai commencé à travailler sur l'énergie pour le journal *Le Monde*. C'était en novembre 2017. Je reçois un coup de fil de quelqu'un que je ne connais pas pour m'inviter à une conférence de presse à laquelle je ne comprends rien. Là, je me dis : « Ça va être bien ce nouveau boulot. » En fait, c'était le service de presse du Réseau de transport d'électricité. Cette conférence de presse était très importante, disait-il, mais il ne pouvait pas vraiment me dire pourquoi. Je n'ai pas été déçu. Dans leur rapport, les experts de RTE expliquaient que réduire fortement la part du nucléaire en France d'ici à 2025, comme c'était prévu dans la loi, était très, très difficile. Quelques heures plus tard, Nicolas Hulot, qui était alors ministre de la Transition, annonçait avec une mine lugubre qu'il fallait renoncer à cet objectif et que l'on verrait plus tard comment baisser la part du nucléaire en France. J'ai beaucoup appris sur l'énergie ce jour-là, mais j'ai aussi retenu qu'il ne faut jamais rater la sortie des rapports de RTE. Et, à vrai dire, j'ai constaté à peu près la même chose au début de l'année 2022. Tous les candidats à la présidentielle ou presque ont utilisé le travail de RTE pour justifier leur projet énergétique, et donc économique, pour la France. Ceux qui ont défendu les énergies renouvelables comme ceux qui ont promu le nucléaire. Pourquoi ? Parce que RTE a remis, en 2021, un autre rapport, beaucoup plus gros et plus approfondi celui-là, qui s'appelle « Futur énergétique 2050 ». Ce travail énorme a débouché sur plusieurs scénarios, qui imaginent, de manière assez précise, à quoi va ressembler une France sans pétrole, sans gaz, sans charbon, une France neutre en carbone. Comment la France peut-elle concrètement se débarrasser des énergies fossiles ? Quelles sont les options qui s'offrent à nous ? Faut-il miser sur le nucléaire, les énergies renouvelables, la sobriété, tout ça à la fois ? Que faut-il avoir en tête pour prendre de bonnes décisions, surtout avec la crise énergétique que nous sommes en train de vivre ?

Dans le rapport que vous avez coordonné, vous avez intégré de très nombreux paramètres : les technologies dont on dispose, le coût, les besoins en électricité, l'impact environnemental : en prenant en compte toutes ces contraintes, est-il possible de sortir des énergies fossiles et, si oui, à quelles conditions ?

Notre rapport essaie d'imaginer comment on peut en sortir. Il part donc du principe que l'on doit y arriver et conclut que c'est possible sous un certain nombre de conditions. Aujourd'hui, le débat, la charge symbolique, est focalisé sur l'électricité : renouvelable *vs* nucléaire. En réalité, l'électricité constitue 25 % de notre consommation d'énergie, tandis que 60 % vient des énergies fossiles. Or il n'y a jamais eu de débat public pour savoir si les Français voulaient entrer dans la société des énergies fossiles.

Le point de départ, c'est la société actuelle : on consomme 1 600 térawattheures d'énergie, dont 1 000 viennent d'énergies fossiles. Dans trente ans, on doit être à 0. Pour ce faire, il faut modifier à la fois la façon dont on consomme de l'énergie et la façon dont on la produit. Modifier la façon dont on la consomme, c'est se poser la question de l'efficacité énergétique, de la sobriété, c'est se demander où l'on produit – en France ou dans les autres pays – et quel type d'énergie on consomme : de l'électricité, des énergies fossiles ou d'autres types d'énergies décarbonées. Concernant la production, on a regardé bien évidemment la question du nucléaire et celle des renouvelables.

La première brique du débat, c'est la consommation, parce que l'on sait que pour sortir des énergies fossiles, il faut électrifier un certain nombre d'usages, les voitures, le chauffage, par exemple. Donc il va falloir utiliser plus d'électricité alors même que nous devons en diminuer notre consommation…

En fait, il va falloir à la fois diminuer notre consommation d'énergie et augmenter celle d'électricité. On sait, sur la base de nos études, mais de celles des autres également – les scénarios mondiaux de l'Agence internationale de l'énergie, ceux de la Commission européenne, ceux de l'ADEME en France –, qu'il faut consommer moins. Alors, comment faire : la première façon c'est d'être plus efficace. L'efficacité énergétique c'est pour les mêmes usages consommer moins d'énergie : par exemple, vous changez votre réfrigérateur, par rapport à celui acheté quinze ans plus tôt, il consomme moins pour le même service. La deuxième solution c'est d'être plus sobre : la sobriété, c'est moins d'usages, donc moins de voitures ou des voitures plus petites – et donc moins de besoins. On peut également remplacer ou électrifier parce que souvent l'électricité, ça consomme moins d'énergie. Vous remplacez une chaudière au fioul par une pompe à chaleur ou une voiture thermique par une voiture électrique, ça consomme moins.

C'est vrai que ça peut paraître contre-intuitif. Dans tous les scénarios que vous proposez chez RTE, on va globalement baisser notre consommation d'énergies fossiles, mais en même temps on va augmenter notre consommation d'électricité.

En 2050, dans notre scénario central, on consomme par rapport à aujourd'hui de l'ordre de 35 % d'électricité en plus. Et même dans notre scénario de sobriété, c'est plutôt 15 % en plus, alors que l'on fait un effort qui va très loin, qui modifie par exemple l'organisation de la ville et de la société. Et si on est sur un scénario de réindustrialisation – si l'on produit sur notre territoire tous les biens manufacturés très carbonés qui sont fabriqués ailleurs, nous obtiendrons une meilleure empreinte carbone mais la consommation d'électricité sur le territoire national sera plus forte et atteindra plutôt une hausse de 50 %.

Dans le scénario de sobriété dont vous parlez, il ne s'agit pas simplement de petits efforts individuels comme baisser le chauffage…

Il s'agit de changements sur les modes de vie, comme les déplacements, moins de voitures – aujourd'hui il y a 38 millions de véhicules légers, de voitures individuelles ou utilitaires en France ; dans le scénario sobriété, en 2050, il y en aura 26 millions. Ce sont des voitures plus petites, également. C'est un vrai changement de tendance puisqu'en trente ans les voitures ont gagné de l'ordre de 250 à 300 kilos de masse. Ce sont aussi des véhicules plus occupés… et dans le même temps plus de transport collectif. Aujourd'hui, le transport collectif représente entre 15 et 20 % de nos déplacements ; dans ce scénario, ce serait 40 %. Il y a également moins de surfaces de bureaux, parce qu'il y a le télétravail – mais un télétravail avec ce qu'on appelle du *flex office* –, ce qui veut dire qu'il ne faut plus en construire. Ce sont des changements significatifs.

L'idée de sobriété est loin d'être acquise aujourd'hui : au cours de mon expérience de ces deux ans et demi de concertation, c'est resté le thème le plus clivant. Elle interroge plus que celle sur les renouvelables ou le nucléaire parce qu'elle porte directement sur nos modes de vie. Par exemple, concernant le logement, c'est un scénario dans lequel on envisage de la recohabitation. Encore une fois, c'est en rupture avec la tendance de ces dernières années où on a plutôt décohabité : aujourd'hui il y a un peu plus de deux personnes par logement.

Qu'entendez-vous par recohabitation ?

Recohabiter, c'est être plus nombreux par logement, ça peut signifier, par exemple, plus de colocation, ou de la cohabitation intergénérationnelle. J'ai tendance à dire : le scénario de la sobriété ce n'est pas le scénario du Moyen Âge, ni celui de la bougie, ni celui dans lequel les trains vont s'arrêter de fonctionner lorsqu'il n'y a pas de vent ; en revanche, ce sont des ruptures dans nos modes de vie qui sont significatives.

Et si on parle du côté production, il y a des scénarios où l'on a 100 % d'énergies renouvelables et d'autres où l'on a 50 % de nucléaire et 50 % d'énergies renouvelables. Qu'est-ce que cela implique ?

D'emblée, on a posé une alternative : soit on construit de nouveaux réacteurs nucléaires, soit on va vers un scénario 100 % renouvelable. Pourquoi a-t-on posé cette alternative ? Parce que l'on ne peut pas faire une prospective énergétique honnête en faisant l'impasse sur le fait qu'une partie de nos infrastructures actuelles, et notamment le parc nucléaire, ne seront plus présentes en 2050 ou en 2060. Ce ne sont pas des raisons politiques qui fondent cette conviction, ce sont des raisons techniques.

Parce que le parc nucléaire est vieillissant, on sait que d'ici 2050 ou 2060 un certain nombre de réacteurs ne pourront plus fonctionner.

Notre parc nucléaire a été construit de manière extrêmement concentrée entre la fin des années 1970 et le début des années 1990. L'hypothèse de référence, très consensuelle au sein de notre concertation, c'était que ces réacteurs ne pourraient pas être exploités plus de soixante ans. Donc 1980 plus 60 nous amène à 2040. Or la neutralité carbone c'est pour 2050, ce qui signifie qu'il va falloir approvisionner des besoins électriques plus importants avec des infrastructures qu'on a aujourd'hui et qui sont en train d'être fermées, pour des raisons d'âge, tout simplement. On ne peut pas ignorer cette réalité, donc il y a deux voies : soit on relance la construction de réacteurs nucléaires avec des énergies renouvelables, car de toute façon on ne peut pas résoudre cette équation juste avec le nucléaire, soit on va vers des scénarios où on ne construit que des renouvelables, et donc à terme la France sera 100 % renouvelable.

Il y a en France un débat très vif sur la place des énergies renouvelables, en particulier celle de l'éolien, avec une opposition importante à droite et à l'extrême droite. Dans les scénarios de RTE, il y a encore beaucoup d'éolien. Un scénario sans éoliennes est-il envisageable ?

Ce sera la réponse la plus courte de cet entretien : non.

Pourquoi ?

Il suffit pour cela de regarder le rythme de construction possible des réacteurs nucléaires et d'intégrer le fait que nos centrales actuelles finiront par fermer. La politique énergétique peut hâter leur fermeture mais elle ne peut pas les prolonger au-delà du terme préconisé par leur exploitant (EDF) ou par l'Autorité de sureté nucléaire (ASN). Au cours de ces deux ans et demi, on a discuté de beaucoup de scénarios, de trajectoires de réinvestissement dans le nucléaire. On est parti de la proposition de la filière nucléaire, six réacteurs (les EPR 2) qui seraient construits entre 2035 et 2045. Deux en 2035, deux en 2040, deux en 2045. En prolongeant ce rythme, on arrive à 8 en 2050. Ce qui est intéressant, c'est que, si on intègre le fait que notre parc actuel fermera, eh bien la part du nucléaire sera de l'ordre de 25 % en 2050-2060. Ce qui veut dire que l'on est dans un scénario à haute part en énergies renouvelables. Scénario qui ne nous épargne pas non plus des paris technologiques ou techniques.

Si je comprends bien, si on veut un système décarboné sans centrales à charbon, sans centrales à gaz, il n'y a que deux options : soit le nucléaire, soit les énergies renouvelables. Qu'est-ce que cela implique, un scénario 100 % renouvelables ?

En fait, on a six scénarios de production qui sont répartis en deux familles : les « 100 % renouvelables » et les « énergies renouvelables plus nucléaire ». Même dans les scénarios avec du nucléaire, on est obligés d'avoir des énergies renouvelables, le nucléaire ne suffit pas. Et on arrive à la conclusion que la part du nucléaire à terme est de l'ordre de 40 à 60 % maximum. Sur les scénarios 100 % renouvelables, par hypothèse, on ne construit pas de nouveaux réacteurs nucléaires et on regarde les conditions auxquelles on peut mener ces scénarios. Ce que l'on conclut, c'est que dans ce cas, on est obligé d'avoir un très gros système de stockage ou de « back-up », pour reprendre ce terme qui est également souvent utilisé.

C'est important cette notion de « back-up », parce que l'un des problèmes justement, c'est que l'électricité se stocke très mal. Or il faut compenser le fait que les éoliennes et les panneaux solaires produisent beaucoup à certains moments et pas du tout à d'autres. Comment faire ?

Aujourd'hui, il n'existe que deux types de back-up : les barrages hydroélectriques ou les centrales qui fonctionnent aux énergies fossiles. Alors, est-ce que l'on peut avoir plus de capacité hydraulique ? Peut-être un peu mais probablement pas beaucoup.

On a déjà en France 10 à 12 % de notre production d'électricité qui vient des barrages.

On a déjà probablement exploité une bonne partie du potentiel hydraulique et on s'aperçoit que c'est très compliqué de construire de nouvelles installations. Donc, on est obligé de trouver d'autres solutions. Le stockage par batteries est très adapté, par exemple, à la production solaire, avec ses alternances jour nuit, mais il n'est pas adapté pour compenser la variation de l'éolien. L'éolien peut avoir deux à trois semaines où il bénéficie de beaucoup de vent, puis alterner avec des périodes d'une semaine ou deux avec très peu de production. Là, il faut pouvoir stocker pendant longtemps des quantités importantes d'énergie. Nos études ont même montré qu'il y aura des années plus venteuses que d'autres, il faudra stocker de grosses quantités. Pour cela, il n'y a qu'une seule candidate possible aujourd'hui, c'est la production thermique qui utilisera des gaz décarbonés. Et donc on est face à un pari, un pari technologique…

C'est-à-dire que ce serait le même principe que nos centrales à gaz, mais qu'au lieu d'utiliser du gaz fossile que l'on va chercher aux États-Unis ou au Qatar, on produirait du gaz à partir, par exemple, de déchets végétaux ou bien ce pourrait être de l'hydrogène.

Exactement. Une centrale thermique utilisant du biométhane, du gaz produit à base de déchets agricoles, par exemple, ou des centrales qui brûleront de l'hydrogène qui aura été produit au préalable à base d'électricité. Donc là, il y a une dimension de pari, technique, technologique. Ces solutions, elles existent, elles sont en train d'être testées : est-on capable de les massifier dans une durée relativement courte, c'est une question. C'est pour ça que dans notre travail, on n'a jamais dit que c'était possible ou impossible, on a dit : « Voici les conditions qu'il faut pouvoir traiter pour se donner la possibilité de mener à bien ce type de scénario. »

Cette question de la faisabilité existe aussi pour le nucléaire. N'y a-t-il pas un point d'interrogation sur la capacité d'avoir des réacteurs qui arrivent dès 2035, compte tenu des exemples que l'on a en tête comme l'EPR de Flamanville qui est en construction depuis très longtemps ?

Tout à fait. Ce qui est intéressant, c'est de regarder les deux types d'arguments chocs qui sont échangés sur les réseaux sociaux et de voir qu'ils ont en eux à la fois une part d'outrance et une part de vérité. Ceux qui doutent du 100 % renouvelable disent : que se passera-t-il la nuit sans vent – et cela touche un point sensible parce qu'en effet c'est une question difficile aujourd'hui. Par contre, comme de toute façon il y aura beaucoup d'éolien et de solaire dans un système neutre en carbone, il faudra résoudre ce type de défi quoi qu'il arrive, avec de la recherche et de l'innovation.

Et pour le nucléaire, il y a un argument qui consiste à dénoncer la gabegie du chantier de l'EPR de Flamanville. Alors, là encore, ça touche un point sensible, c'est vrai que l'on est dans une situation où il n'y a pas de démonstration de la faculté à construire rapidement de nouveaux réacteurs nucléaires de troisième génération de type EPR. Cela dit, cet argument : « Le nucléaire est trop lent, il arrivera trop tard par rapport à l'urgence climatique » est aussi exagéré d'une certaine façon. Sur l'éolien en mer, de la même façon, la France a lancé ses premiers parcs en 2010, et le premier a été mis en service en 2022. Les parcs dessinés aujourd'hui sont attendus pour 2032, 2033. Ce qui ne change pas grand-chose par rapport à l'EPR en 2035. Donc là encore, il y a une part de vérité, un défi réel pour la filière nucléaire à démontrer qu'elle est capable de produire en respectant ses coûts et son calendrier, mais je dirais que c'est vrai également pour un certain nombre d'autres objets renouvelables.

C'est vrai que les scénarios avec beaucoup d'énergie renouvelable sont très ambitieux, mais même ceux avec nucléaire impliquent un fort développement des renouvelables. Il faut multiplier par dix, voire par vingt, parfois trente, le nombre d'éoliennes ou de panneaux solaires que l'on va installer. Est-ce réaliste ?

Dans tous les cas de figure, il faut accélérer, pour construire plus rapidement de l'éolien et du solaire. Il faut être plus rapide que nos voisins les plus efficaces en la matière, il faut « battre » à la fois l'Allemagne sur l'éolien et le solaire et le Royaume-Uni sur l'éolien en mer. Aujourd'hui, en France, on a mis en service un seul parc éolien en mer – celui de Saint-Nazaire. Dans les scénarios 100 % renouvelable où il y a le plus d'éolien en mer, il faut mettre en service trois ou quatre parcs de même taille par an. C'est très significatif. Alors on peut légèrement baisser ce rythme si on applique les scénarios sobriété, mais ça reste une accélération considérable, ce qui soulève des questions d'occupation de l'espace et d'acceptation par la population.

Depuis la sortie de votre rapport, la crise énergétique a fait exploser les prix et les investissements dans les énergies fossiles ont repris, on relance une centrale à charbon en Moselle, on ajoute un nouveau terminal méthanier pour importer plus de gaz au Havre, etc. Est-ce que cela infirme ou conforte vos scénarios ?

Sur le temps long, ça conforte l'intérêt de la neutralité carbone et de sortir des énergies fossiles. Par contre, sur le temps court, ça rend les choses plus compliquées parce que ça obère les capacités de financement – des entreprises et des ménages – et donc on peut se retrouver face à la situation assez paradoxale où un certain nombre d'investissements nécessaires pour être neutre en carbone vont devenir de plus en plus rentables et vont être de plus en plus difficiles à faire tout simplement parce que les ménages et les entreprises auront des capacités financières très restreintes.

Quelles seraient les grandes lignes que les responsables politiques devraient garder en tête sur le sujet ?

Quand on relit notre rapport a posteriori, c'est une ode à la planification. On dit qu'il faut changer nos modes de vie, qu'il faut investir massivement et qu'il faut modifier tout notre appareil productif. Donc, est-ce que le marché seul peut y parvenir ? Ça me semble très compliqué. Ce qui implique que pour réaliser et mettre en œuvre des investissements qui sont quand même considérables, il y ait une direction.

Par exemple, on sait que dans tous les scénarios il va falloir développer l'éolien en mer. Donc on pourrait déjà se dire qu'il faut construire beaucoup de plateformes, beaucoup de mâts et beaucoup de pales. On sait que l'on saura les utiliser. On a des questions de bascule de notre industrie : certaines de nos usines sont assez âgées, il y a un nouveau cycle d'investissement qui se profile, donc il faut d'emblée que ce cycle d'investissement soit bas carbone, parce que l'on ne peut plus se permettre d'engager un cycle d'investissement carboné. Tout ce qu'on décide aujourd'hui doit être décarboné parce qu'on n'a plus qu'un cycle d'investissement devant nous.

Le point commun de tous les scénarios, c'est qu'ils sont difficiles à mettre en œuvre. Ne sont-ils pas trop éloignés de la réalité économique d'aujourd'hui ?

Le point commun entre tous ces scénarios, c'est que le nucléaire, les renouvelables, la rénovation des logements représentent des investissements. Il va falloir mettre beaucoup d'argent tout de suite pour obtenir des coûts de fonctionnement à terme plus faibles. Ce que je tire des scénarios de RTE d'un point de vue économique, c'est l'importance d'investir dès maintenant dans les infrastructures.

Est-on dans la situation de les atteindre ? Aujourd'hui, il faut être clair, on n'est sur la trajectoire d'aucun des scénarios de RTE. Et donc il faut réussir à s'y mettre. Ce qui me rassure, c'est que l'on comprenne que c'est difficile. En vingt-huit ans, ce type de transformation, aucune société ne l'a faite de manière consciente. Pour autant, à partir du moment où l'on a identifié que c'était une transformation difficile, une transformation sociale, une transformation de nos modes de consommation et qu'il faudrait planifier tout simplement pour « dérisquer » des investissements et pour faire en sorte que nos industriels se lancent et arrivent à être sur la montée en cadence, eh bien, je pense que l'on aura franchi un pas vers la situation où ces scénarios seront plus probables.

Malgré la difficulté que vous décrivez, qu'est-ce qui vous permet de garder espoir ?

Je crois beaucoup au fait que l'on sorte d'une vision béni-oui-oui de la transition énergétique pour arriver à comprendre que c'est un vrai projet industriel, un vrai projet de société. La transition énergétique, ce sont des usines, des gens qui travaillent, des matières. J'ai envie de dire : c'est du capital, du travail et des terres, pour reprendre les fondamentaux. À partir du moment où on accepte ça, on va entrer dans le monde concret. Et c'est la meilleure chance que l'on peut donner à la neutralité carbone.

La question personnelle

Quel comportement d'ordre énergétique ou climatique vous énerve au plus haut point ?

Les bâtiments trop climatisés ou visiblement trop chauffés, surtout quand ce sont des bâtiments modernes. J'ai beaucoup de mal à l'accepter parce que je pense que ça fait partie des points faciles à maîtriser. Là, il ne s'agit pas de l'organisation de la société. Alors si on n'arrive pas à résoudre ces points-là… le reste est bien plus difficile.

Ce que je retiens

Je dois dire que je ressors un peu perplexe de cet entretien avec Thomas Veyrenc. Bien sûr, j'ai appris beaucoup de choses. D'abord, il y a une bonne nouvelle, c'est qu'une

France sans énergies fossiles, c'est possible et qu'en plus on sait à peu près par quel chemin y parvenir. La mauvaise nouvelle, c'est qu'aucune de ces trajectoires n'est facile, vraiment pas.

Si je résume, la première brique, c'est ce basculement vers l'électricité. Personnellement, j'ai longtemps résisté à cette idée, qui semble une réponse purement technique à un problème systémique. Mais quand on regarde les choses dans le détail, pour la plupart des usages, il est clair qu'il va falloir électrifier. Pour le chauffage, par exemple, en passant à des pompes à chaleur à la place des chaudières à gaz au fioul, ou bien dans le transport, il vaut mieux, malgré toutes leurs limites, des véhicules électriques plutôt que des véhicules thermiques.

La deuxième chose que je retiens, c'est la question de la sobriété, l'une des plus clivantes, selon Thomas Veyrenc lui-même. À quoi sommes-nous prêts à renoncer collectivement ? Avoir des voitures plus petites, arrêter de construire des maisons, partager mieux les logements, ça peut sembler libérateur pour certains, liberticide pour d'autres, et dans tous les cas ça appelle un débat démocratique sérieux. Ça me fait penser à ce que dit l'ingénieur Philippe Bihouix dans un autre épisode de *Chaleur humaine* : on ne parle pas ici uniquement de questions techniques ou scientifiques mais bien de débats politiques et sociaux.

Le troisième point que je retiens, c'est qu'on passe beaucoup (mais alors beaucoup, beaucoup) trop de temps à parler du nucléaire et des énergies renouvelables. En fait, ce sujet ne représente qu'une petite partie de la question. Mais j'ai constaté en tant que journaliste à quel point les débats sur le sujet pouvaient être toxiques et agressifs. Alors qu'en fait, quels que soient les scénarios, on n'a pas trop le choix. Il faut accélérer massivement sur les énergies renouvelables, les éoliennes, les panneaux solaires. Je peux le répéter : il n'y a pas de scénario sérieux de transition sans énergies renouvelables. Et d'ailleurs c'est ce que dit l'économiste Céline Guivarch, une des autrices du rapport du GIEC, en parlant de la transition à un niveau plus global. Et si on veut intégrer du nucléaire, c'est un débat à avoir, il faut effectivement le décider rapidement, parce que ce sont des chantiers qui prennent beaucoup de temps et que les futurs réacteurs EPR arriveront au mieux en 2035, de façon plus réaliste en 2040.

Un dernier point me frappe. Dans la discussion avec Thomas Veyrenc, je me suis rendu compte à quel point toutes les options, y compris celles qui reposent sur le maximum de sobriété, demandent trois choses : 1) une planification dans le temps ; 2) beaucoup d'argent ; et 3) un débat démocratique. Et j'ajouterai une chose : une fois que l'on a dessiné la trajectoire et que l'on s'est mis d'accord, qu'on sait la financer, il faut encore pouvoir la mettre en œuvre. Comment faire pour que ces scénarios ne soient pas contredits chaque jour par la réalité – parce que plus on tarde à agir, plus on rend difficile l'atteinte de ces objectifs ?

7.

La technologie va-t-elle nous sauver ?

avec Philippe Bihouix

Philippe Bihouix est ingénieur, il a notamment publié, au Seuil, *L'Âge des low tech* (2014) et *Le bonheur était pour demain* (2019). Il est également l'auteur, avec Sophie Jeantet et Clémence de Selva, de *La Ville stationnaire* (Actes Sud, 2022), un ouvrage sur la question de l'étalement urbain. Il est aujourd'hui directeur général d'AREP, la plus grande agence d'architecture de France, qui est une filiale de la SNCF.

J'adore la technologie. J'ai grandi dans une famille d'informaticiens où les ordinateurs ont toujours occupé plus de place que les ballons de foot ou les instruments de musique. Ado, je prenais mon ordinateur sur mon dos le week-end pour aller chez mon copain Marc jouer à un jeu de stratégie en réseau, *Warcraft 2* – j'en connais encore la musique par cœur.

Quand Internet est arrivé, j'ai passé des heures à parler avec des fans du *Seigneur des anneaux* sur un forum domicilié en

République tchèque, à lire les fiches Wikipédia au fur et à mesure de leurs mises à jour et à envoyer des e-mails à des gens inconnus partout dans le monde. Bref, je suis technophile.

C'est même comme ça que je suis devenu journaliste, en entrant au site Internet du *Monde*, il y a plus de quinze ans. J'y ai défendu l'idée qu'Internet offrait la possibilité de toucher le plus grand nombre de gens, par-delà les frontières et les milieux sociaux. Et j'ai appris, en travaillant sur le Web, que la technologie peut être notre meilleure alliée, et en même temps notre pire ennemie.

Quand j'ai commencé à suivre pour *Le Monde* les questions d'énergie et de climat, je pensais peu ou prou la même chose. J'étais dans l'idée qu'il n'y avait pas de mauvaise technologie, seulement des mauvais usages. Bien sûr, je n'étais pas dupe des communiqués de presse que je recevais tous les jours pour vanter les miroirs connectés, les voitures volantes et les gâteaux qui parlent, mais je croyais encore fermement que la technologie pourrait nous sortir du désarroi climatique.

Et puis j'ai lu le livre de Philippe Bihouix, *L'Âge des low tech*, et ça m'a fait beaucoup réfléchir. Son point de départ, c'est qu'on se trompe si l'on croit que l'on va résoudre tous nos problèmes grâce à la technologie, car, pour le dire simplement, plus de technologie, c'est plus de matières premières. Et donc plus de besoins en énergie et donc plus d'impact sur la planète. Autrement dit, on commence à toucher les limites physiques de ce qu'il est possible de faire.

L'innovation technologique est-elle l'une des clés pour faire baisser nos émissions de gaz à effet de serre ? Quels problèmes posent les technologies que l'on utilise, et celles que l'on imagine utiliser dans le futur ? Comment imaginer un monde qui a un autre rapport à l'innovation et à la technologie ?

Face à l'ampleur de la crise climatique, l'idée qu'« on trouvera bien une solution », sous-entendu une solution technologique, revient souvent. Qu'il s'agisse de l'hydrogène, de la fusion nucléaire ou de la numérisation… Pourquoi ne partagez-vous pas cet espoir ?

Parce que les technologies ont un impact : elles consomment des ressources non renouvelables, souvent des ressources métalliques, que l'on doit piocher dans la croûte terrestre. Et même si on a à notre disposition, grâce au soleil, des milliers de fois l'énergie nécessaire à l'humanité, on a besoin de convertisseurs, pour capter cette énergie, la transformer en électricité ou la stocker. Or cela nécessite beaucoup de métaux. C'était un impensé il y a une dizaine ou une quinzaine d'années. Aujourd'hui, l'Agence internationale de l'énergie, l'Organisation de coopération et de développement économiques, la Banque mondiale, la Commission européenne, tout le monde reconnaît qu'il va y avoir un incroyable besoin d'extraction de ressources pour nourrir une transition avec beaucoup d'énergies renouvelables, et avec le passage à l'électrique de la mobilité. Cela va créer une tension sur des métaux comme le cuivre, le zinc, le nickel, ou des métaux dits « plus rares », comme le lithium ou le cobalt, que l'on utilise dans les batteries lithium-ion pour les véhicules électriques.

La multiplication de ces besoins a évidemment des conséquences en termes énergétiques, climatiques et en termes de biodiversité. Ça ne se voit pas forcément parce que c'est loin de chez nous, mais il va y avoir un besoin de multiplication par deux, cinq, dix, cinquante, selon les scénarios et selon les métaux. Cela crée un défi de déploiement industriel et minier qui est absolument incroyable.

Êtes-vous d'accord avec l'analyse de l'ingénieur Jean-Marc Jancovici, selon laquelle le clivage d'aujourd'hui n'est plus entre la gauche et la droite, mais entre les gens qui pensent qu'il y a un monde aux ressources infinies et ceux qui pensent qu'on touche les limites physiques de la croissance ?

Effectivement, la croissance à long terme est une absurdité en tant que telle. Imaginons que la consommation d'énergie croisse de 2 % par an – en réalité, on a fait un peu plus ces dernières décennies. À l'échelle de l'humanité, ça veut dire un doublement de la consommation tous les trente-sept ans. Cela s'appelle une exponentielle. Si on multiplie par deux tous les trente-sept ans, dans mille ans, il faudrait avoir multiplié la consommation par 400 millions – 390 millions exactement. Et dans mille cinq cents ans, il faudrait avoir la puissance de l'étoile solaire. Pas de ce que le Soleil envoie sur Terre : la puissance de l'étoile, intégralement. Donc les partisans de la fusion nucléaire peuvent nous dire qu'on va trouver un système formidable, mais on ne fera jamais des réacteurs nucléaires de la taille de l'étoile solaire. C'est de la science-fiction.

On a déjà découvert et maîtrisé de nouvelles sources d'énergie. Qu'est-ce qui nous empêche de continuer et d'en faire un usage rationnel pour poursuivre une forme de croissance ?

Il y a deux voies pour ça. Une voie technologique et une voie économique. Je commence par la voie économique. L'idée, c'est de faire du découplage entre la croissance du produit intérieur brut (PIB) d'un côté et de l'autre la consommation d'énergie, les émissions de CO_2, la consommation de matière, etc. Il y a aujourd'hui un découplage relatif, c'est-à-dire que le PIB monte un peu plus vite que la consommation d'énergie. Par contre, on n'arrive pas encore à faire un découplage absolu, une courbe du PIB qui continuerait à monter avec une décroissance d'énergie, de matière, de pollution... Surtout, ça a ses limites : on ne fera jamais un découplage d'un facteur 390 millions. Une voiture qui consomme 390 millions de fois moins d'énergie qu'aujourd'hui, ça ne s'appelle même pas un vélo, ce sera très compliqué à faire.

L'autre aspect est technologique. Il consiste à dire que cette grande quantité de métaux qu'on va devoir extraire pour nourrir l'installation de panneaux photovoltaïques, d'éoliennes, on va pouvoir la recycler, faire de l'économie circulaire. On peut refaire des câbles de cuivre à l'infini en les refondant, avec quasiment pas de pertes, c'est vrai. Mais, en réalité, ce discours ne marche pas pour la plupart des métaux. Il y a une trentaine de métaux, sur la soixantaine qu'on utilise dans l'ensemble de nos industries, qui sont recyclés, à l'échelle mondiale, à moins de 1 %. Ce sont les petits métaux des nouvelles technologies, les fameuses terres rares, le palladium, le tantale... Dans les objets très technologiques comme les smartphones, on trouve une quarantaine de métaux différents en très petite quantité, quelques milligrammes. Quand ces objets arrivent en fin de vie, ces quelques milligrammes ne représentent pas grand-chose.

Les scientifiques du GIEC plaident pour le développement massif de l'éolien, du solaire et des batteries – en plus de la sobriété – pour se débarrasser des énergies fossiles. Vous semblez ne pas croire à cette option qui mobilise beaucoup de ressources.

Je ne suis absolument pas contre le solaire ou l'éolien, mais je m'insurge contre le rêve qui consisterait à dire qu'on va pouvoir maintenir notre niveau de consommation et de confort, de mobilité, simplement en remplaçant une couche d'énergie fossile par des solutions d'énergies renouvelables. Si on veut maintenir le niveau de vie à l'occidentale, et promettre ce niveau de vie à l'ensemble des pays du monde, le besoin généré en métaux est, à mon avis, très complexe à gérer. Il faut aller les chercher plus profondément, en consommant plus d'énergie ; il faudra peut-être aller dans les océans, mais cela pose des questions d'impact sur la biodiversité et d'industrialisation de l'océan profond. Il y a des gens qui fantasment sur la Lune ou les astéroïdes. Mais, globalement, je pense que le niveau d'extraction n'est pas soutenable. L'effort de déploiement industriel lui-même est à mon avis difficilement atteignable.

Plus on va aller vers la sobriété, la réduction à la source, les économies d'énergie et de ressources, plus la transition sera facile. Si on veut maintenir l'existant, continuer à tous se balader avec des voitures de 2 tonnes, ça risque d'être très complexe.

On peut quand même souligner les bénéfices qu'apporte la technologie dans nos vies. On le voit par exemple dans le secteur de la santé, comme pour le cas des vaccins.

Oui, il ne faut pas forcément jeter le bébé avec l'eau du bain. L'innovation technologique apporte un certain nombre de bienfaits. La question médicale est intéressante : quand on veut faire passer en force des technologies, comme la 5G, on parle tout de suite du téléchirurgien, des ambulances connectées. Sur les jets privés, on explique que c'est utile pour les transplantations cardiaques... L'argument de la médecine, évidemment, est la moins contestable de toutes les promesses technologiques.

Le penseur de la technique Jacques Ellul disait qu'on entend souvent que la technologie est quelque chose de neutre, qu'avec un couteau je peux éplucher des carottes ou je peux assassiner mon voisin. Mais lui disait que la technologie n'est ni positive, ni négative, ni neutre. Elle est toujours ambivalente, toujours à la fois positive et négative. C'est toujours très difficile d'éviter les mésusages par rapport aux bons usages.

En fait, ce que vous dites, c'est qu'il faut faire des distinctions en fonction des usages. C'est ce que vous appelez le « discernement technologique ».

Cette notion de discernement technologique, ou de « techno-discernement », que je trouve très importante, consiste à se dire que, bien sûr, on peut utiliser les technologies, mais qu'il faut juste reconnaître qu'elles ont toujours un impact – parce qu'elles consomment de l'énergie, parce qu'elles consomment de manière inéluctable des ressources qui ne seront pas disponibles pour les générations futures, parce qu'elles abîment la biodiversité.

Donc il faut se poser la question de l'utilité de l'usage de ces technologies. Dans le domaine médical, on ne peut pas le contester. Les volumes d'électronique en jeu à l'hôpital sont très limités par rapport aux objets connectés qui vont équiper des milliards d'utilisateurs. Idem pour le plastique. Je n'ai pas de problème pour des plastiques souples, tout à fait polluants, qui servent de poches de sang. On parle de quelques milliers de tonnes à l'échelle d'un pays, qu'on sait gérer, alors qu'à côté de ça on accumule des millions de tonnes de plastique qu'on aurait pu éviter.

Tout le monde n'a pas forcément la même appréciation de ce qui est utile ou non, et l'impact social du renoncement à telle ou telle option technologique n'est pas toujours bien compris.

En fait, il ne faut surtout pas laisser à des experts le fait de décider que telle technologie ou tel usage sera utile ou non. C'est effectivement une question de débat démocratique. Mais avoir un niveau de débat démocratique de haute volée sur des sujets aussi complexes n'est pas évident. Par exemple, sous prétexte d'éduquer les citoyens du futur au numérique, l'Éducation nationale a décidé de numériser l'enseignement. Pourtant, aucune étude scientifique n'a démontré qu'on apprenait mieux avec un écran plutôt qu'avec un livre. C'est même plutôt le contraire. Mais on a numérisé l'école parce que c'est moderne. Aujourd'hui, le métavers est en train d'arriver et des employés du ministère de l'Éducation nationale disent : « C'est incroyable, ça va donner des opportunités pédagogiques folles », alors qu'on n'a rien testé. Il y a aussi des innovations dont on pourrait assez simplement dire qu'elles ne sont pas très utiles. Par exemple, le distributeur de croquettes pour chats connecté avec dispositif de reconnaissance faciale…

Le président de la République a accusé les opposants à la 5G d'être des « amish » favorables au retour à la bougie. Votre vision de la technologie est-elle une forme de retour en arrière ?

Justement non, il ne s'agit pas d'un retour en arrière. Un ancien ministre de l'Agriculture s'était fait étriller quand il avait dit qu'il fallait réinventer une agriculture sans pesticides, sans intrants, bref, en gros, l'agriculture de nos grands-parents. Il y avait eu une levée de boucliers incroyable. Or, justement, une agriculture sans pesticides ou sans intrants, ce n'est pas du tout l'agriculture de nos grands-parents. Parce que, entre-temps, on a développé la connaissance scientifique, la capacité à lutter contre les invasions avec des systèmes biologiques, on comprend mieux l'interaction entre les sols et les plantes, on va pouvoir faire des complémentarités et des rotations de cultures plus intelligentes.

Tout n'était pas moins bien avant. Certaines choses ont été gagnées, d'autres ont été perdues. Le rapport au temps, les rapports sociaux, la question de ce qu'on appelle une « vie bonne », les spiritualités, tout n'est pas à jeter dans le monde d'avant. Dans l'Antiquité, chez les Grecs, la tempérance faisait partie des vertus cardinales : l'idée que ce n'était pas forcément mieux d'avoir toujours plus.

Il faut aussi prendre en compte les impacts sociaux et sur l'emploi de tels changements. Les véhicules les plus vendus, les SUV, sont aussi les plus polluants. Mais si on les interdit demain, on pénalise toute une partie du secteur automobile.

Aujourd'hui, on a un déséquilibre parce qu'on a assis notre protection sociale sur le travail humain. Cela fait que les ressources ne valent à peu près plus rien. Quand vous arrivez dans un magasin avec votre aspirateur pour essayer de le faire réparer, on vous dit que ça va coûter le prix du neuf, donc autant en acheter un autre. L'économie de la réparation, du réemploi, c'est tout à fait possible. Simplement, il ne faut pas arriver avec une grosse pince pour tout démolir. Il faut former des gens qui vont faire de la déconstruction précautionneuse, et ça, c'est potentiellement plus cher.

Mais il ne s'agit pas que de cela, la question du chômage et de l'emploi, c'est souvent notre critère d'évaluation de l'action d'un gouvernement.

Absolument. Qu'est-ce qui terrorise tout gouvernement ? C'est la destruction potentielle d'emplois et la crise sociale qui va avec. Aucun gouvernement ne prendra des décisions qui mèneront à la guerre civile parce qu'on aura un chômage massif. Simplement, l'argument de l'emploi, je le trouve un peu gênant. On vit dans un monde de destruction créatrice schumpétérienne[1], où l'innovation rend certains emplois obsolètes, caducs, et où on mute vers d'autres emplois créés par l'innovation. Pour simplifier à gros traits, on passe des mineurs de charbon aux développeurs de métavers. Mais quand il s'agit de dire qu'il y a certains secteurs qu'il va falloir adapter parce qu'ils ne sont plus tenables, plus acceptables d'un point de vue climatique, du point de vue des ressources, là, on répond que c'est impossible parce qu'il faut préserver les emplois. On glorifie l'innovation technologique et ce n'est pas grave si elle détruit des emplois ; et, à côté de cela, il faudrait être les deux pieds sur le frein pour tout changement lié à des questions environnementales.

J'insiste un peu sur la question des SUV…

Pour moi, c'est l'exemple parfait du fait qu'on ne vit pas dans une économie tirée par le consommateur. C'est une légende

1. En référence à l'économiste américain Joseph Schumpeter (1883-1950).

économique de dire qu'à travers mes achats je vais créer des filières. On vit dans une économie poussée. Si je veux une petite voiture qui pèse 700 kilos et qui ait 150 kilomètres d'autonomie, eh bien elle n'est pas disponible, elle n'existe pas. Donc je dois aller dans le panel de ce qu'on me propose. Et effectivement, il y a eu une inflation du poids des voitures. Certains aspects sont réglementaires, mais c'est essentiellement parce que la marge sur les grosses voitures est plus importante que sur les petites. Il y a eu de tels gains de productivité dans l'industrie automobile qu'aujourd'hui, si vous vouliez acheter l'équivalent d'une voiture de 1980, elle ne vaudrait vraiment rien. Donc, pour lutter contre la déflation et la perte de chiffre d'affaires, il a fallu opter pour l'enrichissement technologique des voitures. Ce n'est pas l'industrie qui peut prendre la décision, me semble-t-il, de réclamer une réglementation pour faire des voitures plus petites. C'est la puissance publique qui doit siffler la fin de la partie ou définir la règle du jeu.

Vous plaidez pour ce qu'on appelle les « low-tech », des technologies de petite échelle, peu gourmandes en énergie, facilement réparables, adaptables. Concrètement, comment cela peut-il se traduire ?

J'aime bien parler de démarche « low-tech », plutôt que dire que tel objet est low-tech ou pas. Je prends souvent l'exemple du vélo. On pourrait dire que c'est un objet low-tech par excellence. Vous pouvez être très autonome, presque le réparer vous-même, ça a consommé très peu de ressources, ça peut durer peut-être un siècle si vous changez quelques pièces détachées... Et en même temps, le vélo est enchâssé dans un système de production qui, lui, est très high-tech, pour fabriquer un câble de frein, un dérailleur, une chaîne.

Ce que vous dites, c'est qu'il faut appliquer cette démarche low-tech à tous les pans de l'activité économique et de la société.

Il faut orienter l'innovation des produits et des services vers une réelle économie de ressources, une réelle économie d'énergie. Et lutter contre l'effet rebond. Tous les produits sont de plus en plus efficaces. C'est même un facteur de compétitivité pour les entreprises, surtout aujourd'hui quand l'énergie est de plus en plus chère : faire le même produit en consommant moins d'énergie. Toutes les entreprises sont d'accord, il n'y a pas de souci avec ça. Simplement, arrivé à ce point-là, le produit est moins cher, plus efficace et donc on en consomme plus. Il faut être capable d'avoir des solutions sociotechniques, c'est-à-dire qui embarquent les usages, les comportements. Si vous rénovez thermiquement une maison, sans l'accompagner d'une évolution des usages, vous allez juste avoir un logement plus efficace qui va consommer presque autant d'énergie.

N'est-ce pas là qu'intervient la question de la sobriété ? Pas seulement celle des gestes individuels, mais à un niveau plus collectif.

Si. On peut par exemple passer à la voiture électrique, très bien, mais quel type de voiture électrique ? Celle de 2 tonnes ou celle de 700 kilos ? Une qui roule 1 000 kilomètres ou une qui roule 150 kilomètres ? Pour la première, on aura besoin de quinze fois plus de lithium ou de cobalt. Et puis peut-être faut-il ne déployer que la moitié de ces voitures et l'autre moitié, ce sera plutôt des vélos électriques… On pourrait même aller plus loin, poser la question du nombre de kilomètres, aller vers une logique de démobilité. Pourquoi habite-t-on de plus en plus loin de son travail ? Pourquoi faut-il faire de plus en plus de kilomètres pour déposer les enfants à l'école de musique, pour aller passer une radio, pour aller voir un spécialiste ? Ce sont des questions d'aménagement du territoire.

Qu'est-ce qui pourrait générer une démarche plus rationnelle dans l'utilisation des matériaux, des ressources et de l'énergie ?

Si on regarde le rôle de la puissance publique, la question de la réglementation et des normes est indispensable. Il ne s'agit pas forcément d'interdire, parce que ça réveille de vieux fantômes de l'écologie liberticide, ce qui suscite des levées de boucliers. Mais il y a des choses aujourd'hui qui sont interdites, d'autres qui sont autorisées, et on peut faire bouger cette ligne à travers un débat démocratique.

Le deuxième levier, c'est le levier fiscal. Si demain on veut aller vers un monde de la réparation, de la maintenance, il faut avoir une fiscalité qui s'adapte, de manière progressive et en donnant de la visibilité aux entreprises, sans prendre à la gorge des gens qui ont un chauffage au fioul ou qui habitent loin de leur boulot. Cela signifie avoir une fiscalité des ressources, du carbone, mais alléger la fiscalité sur le travail. Tout le monde pourrait voir son salaire net augmenter, par contre les choses moins environnementales coûteraient plus cher à acheter.

Ensuite, on a tout le mille-feuille territorial, qui va de la commune à la région. Là, on a le pouvoir prescriptif. La puissance publique achète beaucoup de choses, des bâtiments, des voitures, des ordinateurs, des services ; à travers les cahiers des charges, on peut favoriser des filières de réemploi, les cantines bio…

Et puis il y a le mécanisme de soutien à l'innovation. Est-on seulement fascinés par les licornes dans l'intelligence artificielle, la blockchain, les NFT, ou bien également par la réparation de vélos, les ateliers, les ressourceries-recycleries, les expérimentations en agroécologie ?

Vous avez un regard assez critique sur l'usage qu'on a de la technologie. Qu'est-ce qui vous donne de l'espoir ?

Paradoxalement, ce qui est intéressant, c'est que les humains peuvent s'adapter rapidement à de nouvelles situations, plus qu'on ne le croit. Les chercheurs parlent, par exemple, de l'« amnésie environnementale ». La génération qui arrive ne verra pas beaucoup de papillons, mais finalement elle ne s'en rend pas compte parce qu'elle n'a pas connu le monde de mon grand-père où les papillons pullulaient ! Les références culturelles évoluent. Prenons l'exemple du chauffage : il y a trente ou quarante ans, chez moi, il faisait 17 °C dans la vieille maison que j'habitais à l'époque. Aujourd'hui, le référentiel s'est décalé, on est à 21 ou 22 °C, et on rame un peu pour dire aux gens de revenir à 18 ou 19 °C. Ce qui me donne de l'espoir, c'est que cette adaptation peut aller dans les deux sens. En fait, l'être humain est extrêmement adaptable.

La question personnelle

Qu'est-ce qui, sur ces questions, vous semble insupportable, vous met en colère, vous énerve ?

Des milliers de choses, malheureusement. Moi, j'ai été très stressé longtemps de plein de choses, quand je suis tombé dans la question des ressources et du gâchis de ressources. Il y a un moment où j'avais même du mal à me raser à cause de l'usure des lames de rasoir ou à ouvrir une boîte de conserve parce que je savais comment était fabriquée la boîte de conserve et la petite partie dorée qui était faite avec tel et tel métal. J'ai une espèce de Google Glass virtuelle où je vois sans les calculer vraiment l'impact ressources et d'une certaine manière l'impact carbone de ce qui constitue mon environnement, ce qui me rend parfois malheureux.

Ce que je retiens

Je dois dire que je ne m'attendais pas vraiment à ce que la discussion avec Philippe Bihouix se passe de cette manière. Je croyais qu'il allait me dire : « La technologie c'est nul » et que j'allais lui répondre : « Ah mais non, la technologie c'est super ! » Heureusement pour tout le monde, la conversation a été, je l'espère, un peu plus intéressante que cela et moi, j'ai appris beaucoup de choses. Je retiens en particulier trois points.

D'abord, cette question de l'extraction minière et de la difficulté du recyclage. C'est un sujet qui est souvent oublié dans les grands débats sur la transition énergétique. Comme on ne peut pas tout trouver de manière infinie, il va falloir formuler des priorités dans ce que l'on prélève. Comment faire en sorte que ce dont on a besoin pour atteindre nos objectifs climatiques soit fait avec discernement ?

Le deuxième point, c'est la question de la sobriété. Finalement, l'approche low-tech de Philippe Bihouix, c'est une démarche dans laquelle on essaie de faire avec ce que l'on a, qu'il s'agisse de construire des maisons, des vélos ou des distributeurs de choucroute. Tout ce qui peut éviter un prélèvement inutile de ressources, en fait, est bon à prendre ; ça me fait penser un peu à ce que dit Julia Faure sur l'industrie textile : « Surtout n'achetons pas de vêtements, gardons ce que l'on a et réutilisons. » Finalement, c'est un peu la même dynamique.

La troisième chose, c'est l'idée que pour promouvoir un autre rapport aux technologies, le plus simple est de mettre d'abord en place des politiques publiques, des réglementations qui vont favoriser certains usages. Si on oblige les opérateurs de téléphonie mobile à ne pas changer les téléphones tous les deux ans, mais plutôt tous les quatre ou cinq ans, ça aura un impact carbone certain. Comme si on contraint les constructeurs automobiles à produire d'abord en priorité de petites voitures légères plutôt que des tanks SUV. Là aussi on y gagnerait vraiment. C'est finalement ce qui me reste en tête après cet entretien : cette notion de « techno-discernement ». J'aime bien cette expression. Non, la technologie en tant que telle ne va pas nous sauver de la catastrophe climatique. Et même, nos usages peuvent nous condamner en « verrouillant » nos émissions de gaz à effet de serre – parce que l'on sera devenu complètement dépendant de systèmes qui demandent beaucoup d'énergie et d'extraction minière.

Ce qui veut dire que la vraie question se situe au niveau des usages. Évidemment, si on me demande mon avis, moi aussi je pense qu'il ne faut garder que les choses importantes et se débarrasser des trucs nuls qui ne servent à rien. Mais une fois que l'on a dit ça, on n'a rien dit. Comment fait-on pour se mettre d'accord sur ce qui est essentiel dans une société et ce qui ne l'est pas ? Et puis, quand on arrête un usage, cela a un impact. Comment accompagne-t-on celles et ceux qui risquent de perdre beaucoup si on supprime leur gagne-pain ? Et puis on ne peut pas faire cela en cochant des cases sur une liste, comme si on demandait au GIEC : alors si je garde mes distributeurs connectés de nourriture pour chat et que je supprime les SUV, est-ce que c'est bon ? Ce n'est comme ça que ça marche.

En fait, c'est d'un débat démocratique dont nous avons besoin pour s'assurer que les technologies et l'innovation vont dans le bon sens, sont disponibles, et peuvent embarquer le plus de monde possible dans cette vision-là.

III.
Changer nos habitudes, un défi

8.

Comment se libérer de la voiture individuelle ?

avec Aurélien Bigo

Aurélien Bigo est chercheur associé à la Chaire Énergie et Prospérité et spécialiste de la décarbonation du secteur du transport. Il est l'auteur, avec Isabelle Brokman, de *Voitures, Fake or not ?* (Tana Éditions, 2023).

J'ai grandi dans les années 1990 et à mon époque le jeu vidéo qui était absolument révolutionnaire s'appelait *Sim City* – j'ai passé des journées entières à y jouer avec mon grand frère. Dans ce jeu, on part d'une terre absolument vierge et on construit une ville immense, forcément très dense et très active : on commence par mettre des bâtiments résidentiels, des industries, des commerces, une très grosse centrale à charbon et puis on ajoute des routes pour faire fonctionner tout ça. Mais moi, j'avais toujours le même problème : les embouteillages, qui rendaient les habitants furieux. Alors, pour fluidifier la circulation, j'ajoutais des routes, mais plus j'en ajoutais, plus il y avait de voitures, et plus il y avait de voitures, plus il y avait d'embouteillages, et plus les gens étaient mécontents.

Depuis, j'ai dû renoncer à mes ambitions municipales dans le monde virtuel. Mais mon expérience de joueur m'a laissé cette interrogation : comment s'y prendre pour ne pas être envahi par la voiture individuelle ? En France, c'est une des causes majeures du réchauffement climatique, 16 % de nos émissions de gaz à effet de serre proviennent de nos trajets en voiture, qu'il s'agisse d'aller au boulot, de déposer nos enfants à l'école, de faire les courses ou de partir en randonnée. Comment faire pour diminuer la place de la voiture ? Existe-t-il des solutions qui ont déjà été testées et qui permettent d'y arriver ? Vers quel autre type de véhicules peut-on se tourner ?

Pourquoi la voiture pèse autant dans nos émissions de gaz à effet de serre ?

Parce que aujourd'hui la voiture est très dépendante du pétrole et que brûler du pétrole c'est beaucoup d'émissions de CO_2. Or, la voiture est absolument dominante dans nos mobilités et sur des distances qui se sont allongées.

La France s'est construite ces cinquante dernières années autour de l'usage de la voiture, avec des lieux d'habitations éloignés des emplois ou des écoles, des commerces. La voiture devient pour beaucoup obligatoire.

L'aménagement du territoire a été conçu par la voiture et pour la voiture. Elle a permis cet étalement urbain, la dispersion de l'habitat en particulier, ce qui a créé une dépendance car les distances sont devenues trop longues pour la marche ou le vélo. Et cette dispersion rend les transports en commun peu adaptés. Il faut une forte densité de population, avec des flux de déplacements importants, par exemple dans les plus grandes villes, pour pouvoir les mettre en place.

Il y a forcément une différence entre des usages en ville et en milieu rural. Quelle est la division entre les usages de la voiture en France aujourd'hui ?

La voiture représente environ deux tiers de nos mobilités. C'est le mode dominant dans toutes les catégories de population, dans tous les types de milieux et de territoires – mais il y a des endroits où la dépendance à la voiture est plus importante. Si on observe le taux de motorisation, le pourcentage de ménages qui ont une voiture est d'un peu plus de 80 % en moyenne nationale, autour de 60 % dans les villes et à 92 % dans les zones rurales. En part de trajets réalisés en voiture, on est autour des 40 % en ville – la marche représente une grande partie des déplacements, le vélo peut en représenter une partie aussi, et les transports en commun. Dans les zones rurales, 80 % des déplacements sont faits en voiture.

Mais les trajets domicile-travail ne sont pas nécessairement très longs, et ils sont quand même réalisés pour l'essentiel en voiture.

Oui, une grande partie des trajets sont relativement courts : 55 % des trajets – tous déplacements confondus – font moins de 5 kilomètres, donc un peu plus de la moitié des trajets sont réalisables à vélo. Mais il faut compter les « boucles de déplacements » (le fait d'aller au travail, puis au supermarché), ce qui fait plusieurs petits trajets de moins de 5 kilomètres, et représente une boucle de déplacements plus longue. Mais cela montre quand même qu'un certain nombre de trajets peuvent être remplacés par le vélo, aujourd'hui assez peu pratiqué.

Pour autant, ce sont les longs trajets qui émettent le plus de CO_2*, ceux qu'on fait pour traverser la France en prenant l'autoroute et en roulant vite.*

C'est ça. Les trajets de plus longue distance, à plus de 80 kilomètres du domicile, sont de l'ordre de 1,2 % de l'ensemble des trajets, donc c'est vraiment une très faible part. Par contre, en pourcentage de kilomètres parcourus sur l'ensemble de nos distances, on est plutôt à 40 %. Donc, sur ce type de trajets, il va falloir développer en alternative à la voiture et à l'avion le train notamment, le car, le covoiturage, l'autopartage aussi, pour développer d'autres usages de la voiture et apprendre à se passer de la voiture au quotidien.

Ces dernières années, les voitures ont beaucoup gagné en efficacité énergétique, mais cela ne s'est pas traduit par une baisse des émissions de gaz à effet de serre, pourquoi ?

C'est ce qu'on appelle l'effet rebond. Globalement, on a eu des voitures plus efficaces mais qui sont devenues de moins en moins remplies, et de plus en plus utilisées – donc une part plus importante des trajets ont été faits en voiture. Enfin, l'autre conséquence c'est que les distances se sont énormément allongées par cette diffusion à grande échelle de la voiture.

En ville, on sait comment limiter la place de la voiture, mais dans des zones rurales ou périurbaines, que peut-on faire ?

Il faut combiner les leviers. La voiture a pris une telle place qu'un seul mode de transport ne peut pas la remplacer. Il faut réussir à voir quelles sont les alternatives en fonction des trajets. Pour des trajets courts, la marche est vraiment le mode à privilégier, le plus pertinent. Pour des distances plus importantes, le vélo peut permettre d'avoir une mobilité active, bonne pour la santé, très peu impactante d'un point de vue environnemental. Sur certains axes, notamment pour le périurbain, cela peut être intéressant de développer des transports en commun, par exemple des lignes de cars express pour connecter le périurbain avec le centre des villes. Cela peut être aussi des lignes de covoiturage, pour remplacer les trajets sur lesquels les gens sont seuls en voiture. C'est un levier important, avec un avantage financier pour les usagers.

Existe-t-il des territoires qui ont réussi à développer des alternatives à la voiture ?

Oui. Aux Pays-Bas, par exemple, le vélo est développé partout, y compris dans les zones rurales, avec des infrastructures sécurisées, un usage par toutes les catégories de population et tous les âges. La pratique du vélo y est aujourd'hui dix fois plus élevée qu'en France – ce qui montre les marges de progression possibles !

N'y a-t-il pas un risque que ces politiques qui visent à réduire la place de la voiture soient très inégalitaires ?

Si on renchérit le coût de la voiture, en effet, cela va impacter les personnes les moins fortunées. Mais si on propose davantage d'alternatives à la voiture, cela va être plus favorable pour les personnes qui ont moins de moyens financiers, parce que la voiture est un mode de transport qui coûte cher – bien plus cher que les transports en commun, la marche ou le vélo. Les plus aisés sont ceux qui ont le plus de voitures et font le plus de kilomètres avec. Par exemple, les 10 % les plus aisés ont 2 fois plus de voitures que les 10 % les moins aisés ; ils vont faire 2,5 fois plus de kilomètres sur les trajets du quotidien et 4 fois plus sur les trajets de longue distance. L'usage de la voiture est déjà inégalitaire aujourd'hui. Donc développer les alternatives favoriserait davantage ceux qui n'ont pas les moyens d'acheter une voiture.

Mais les habitants utilisent-ils les alternatives mises en place quand elles existent, qu'il s'agisse du vélo ou des transports en commun ?

Il ne suffit pas de construire des pistes cyclables, mais de bâtir un système vélo efficace. Le système voiture est très efficace : il a des infrastructures, une fiscalité favorable, un réseau de stations-service, de réparateurs, de concessionnaires, etc. Si on veut que le vélo puisse concurrencer la voiture, il faut tout autant de services, d'aides financières, de véhicules appropriés, d'infrastructures sécurisées continues sur l'ensemble du territoire.

Mais ce n'est pas le seul problème. On vote encore des projets d'autoroutes, il n'y a pas de désinvestissement de l'automobile, pas de politique de mobilité durable cohérente qui viserait à la fois à augmenter l'offre d'alternatives et à assumer que, si on veut sortir de sa dépendance, il ne faut pas l'encourager.

Comment promouvoir le covoiturage, qui est parfois perçu comme une contrainte ? Au quotidien, neuf voitures sur dix comptent un seul passager.

Cela peut être fait en entreprise, par exemple dans des plans de mobilité, ou par le biais d'une collectivité locale qui s'empare du sujet. On peut mettre en place des incitations sur les infrastructures – des voies réservées, des avantages de stationnement. Il y a aussi des plateformes, comme Ecov, qui organisent un covoiturage dynamique, avec des stations sur lesquelles on peut attendre qu'une voiture s'arrête pour nous prendre, une sorte d'intermédiaire entre le covoiturage et l'auto-stop. Ces plateformes garantissent à la fois la sécurité, le paramètre de confiance, et en même temps permettent de s'adapter rapidement.

Quel rôle joue alors la voiture électrique ?

Disons que c'est la meilleure ou la moins mauvaise des technologies qu'on peut avoir actuellement pour nos modes de transport, notamment d'un point de vue climatique. Il y a de bons et de mauvais aspects. L'électrique n'est pas une technologie parfaite, elle a des impacts environnementaux et une forte consommation de métaux. Mais d'un point de vue climat c'est deux à cinq fois moins d'émissions dès aujourd'hui en France ! Électrifier n'est pas la solution idéale mais c'est indispensable d'un point de vue climatique, tous les scénarios de transition énergétique sont très clairs là-dessus. Mais, si on veut le faire avec le moins d'impact possible, il faut aussi réduire la place de la voiture et se tourner vers des véhicules beaucoup plus sobres.

À quel type de véhicules pensez-vous ?

On appelle « véhicules intermédiaires » tout ce qui est entre le vélo et la voiture. Cela peut être des mini-voitures, des voiturettes, des véhicules légers de 500 kilos ou moins, qui se prêtent très bien à la technologie électrique et qui permettent de limiter très fortement les consommations de ressources par rapport à la voiture classique.

On peut aussi partir du vélo et y ajouter certaines caractéristiques qui se rapprochent de la voiture – il y a bien sûr le vélo électrique qui permet de passer plus facilement les reliefs, d'aller un peu plus vite, d'aller plus loin, d'étendre le domaine de pertinence du vélo à un public plus large, de moins se fatiguer, de moins transpirer, etc. Le vélo électrique aide d'ailleurs assez bien à convaincre davantage d'anciens automobilistes que le vélo classique. Il faut aussi ajouter les vélos-cargos pratiques pour transporter des charges lourdes ou des enfants. Et les vélos pliants qui assurent plus facilement l'intermodalité avec les transports en commun.

Mais ces nouveaux véhicules remplacent-ils vraiment la voiture, ou ne font-ils que s'ajouter à des usages déjà existants ?

Cela dépend du type d'usage qu'on va développer. Il y a des contre-exemples, en effet, qui ne vont pas dans le sens de la transition. Si on prend l'exemple des voiturettes, on rencontre un phénomène chez les adolescents qui se tournent vers la Citroën Ami accessible dès 14 ans en France – une exception en Europe, dans beaucoup de pays, c'est à partir de 16 ans. Là, nous sommes dans une pratique qui ne va pas dans le bon sens de la transition puisqu'on ajoute un nouvel usage de la voiture.

Ce n'est pas le cas pour les vélos à assistance électrique (VAE) dont 50 à 70 % des nouveaux usagers sont d'anciens automobilistes – contre 10 % pour les nouveaux usagers du vélo classique. On peut accompagner ce développement en orientant le marché, avec le soutien de politiques publiques favorables ; en sachant que là où ils pourraient être le plus pertinents d'un point de vue climatique, c'est dans les zones périurbaines et rurales, justement là où la dépendance à la voiture individuelle est très importante et où souvent il n'y a qu'une ou deux personnes par véhicule, la plupart du temps largement surdimensionné pour ces usages. C'est d'ailleurs un paradoxe : aujourd'hui nos voitures ont cinq places, permettent d'aller jusqu'à 180 km/h, ont des autonomies de batterie de l'ordre de 300 à 400 kilomètres, alors que les usages réels au quotidien sont plutôt des trajets de quelques kilomètres pour une ou deux personnes, pour des trajets qui se font plutôt à 80 km/h.

Ces véhicules dont vous parlez n'existent pas encore à l'échelle industrielle ?

Cela commence à se développer, avec des innovations qui arrivent comme les vélomobiles – des vélos couchés qui ont une carrosserie tout comme la voiture. On pourrait aussi penser à des vélos-voitures – un vrai intermédiaire qui ressemble à une voiture dans la forme mais qui fait 100 kilos et à l'intérieur duquel il y a un pédalage – qui vont aller jusqu'à 25 ou 45 km/h. L'ADEME, l'agence de la transition, a un projet très prometteur, baptisé l'eXtrême Défi, qui vise à développer des véhicules de ce type.

Si ces véhicules se développent peu, est-ce la responsabilité des constructeurs qui misent sur des SUV électriques très lourds ou celle des consommateurs qui craignent d'avoir des véhicules trop petits ?

C'est difficile à dire aujourd'hui. Ce qui est sûr, c'est que pour l'instant il n'y a pas d'offre, donc on ne sait pas si la demande existe. Ce ne seront pas les mêmes usages que la voiture ni les mêmes usages que le vélo. Ce ne sera pas non plus adapté à tout le monde. L'objectif n'est pas de vouloir remplacer toutes les voitures de demain par des véhicules intermédiaires. C'est plutôt de faire prendre conscience qu'on a une très grande diversité d'usages de mobilité et qu'on a tendance à y répondre souvent avec un véhicule normé – la voiture – qui est très largement surdimensionné pour son usage réel. Et donc de concevoir une diversité de véhicules qui répondent mieux et avec plus de sobriété aux usages qu'on peut avoir actuellement. Quelques ordres de grandeur à avoir en tête quand on parle d'électrification et de capacité des batteries : avec 100 kWh de batterie, disons la batterie d'un gros SUV électrique, on peut produire de l'ordre de 2 voitures citadines telles que la Renault Zoé ; 16 minivoitures telles que la Citroën Ami, la Renault Twizy ou la Mobilize Duo ; 200 batteries pour des vélos à assistance électrique. Ce qui veut dire qu'en fonction des choix que l'on fait, les économies de ressources sont assez énormes. Les marges de sobriété d'un point de vue climat mais aussi d'un point de vue consommation de ressources sont très importantes.

Qu'est-ce qui vous donne encore de l'espoir ?

On parle de plus en plus de sobriété, qui était vraiment le manque le plus important dans les politiques de mobilité jusqu'à maintenant. Restent des incohérences assez fortes sur cette question, un manque d'ambition sur certains des leviers, mais le débat s'impose progressivement. Je note aussi qu'en l'espace de quelques années, la représentation qu'on peut avoir du vélo et les politiques publiques sur le sujet ont vraiment changé, c'est encourageant.

La question personnelle

Prenez-vous l'avion ?

Je ne me l'interdis pas mais je pense que je ne serai pas amené à le reprendre dans ma vie. L'objectif n'est pas non plus qu'il n'y ait plus du tout d'avions. Si jamais j'avais un motif d'urgence, mais je ne vois pas lequel, peut-être que je serais amené à le reprendre.

Ce que je retiens

La première chose que je retiens de cette conversation, ce sont ces ordres de grandeur : la moitié de nos trajets domicile-travail sont des trajets très courts, moins de 5 kilomètres, et ils sont encore réalisés massivement en voiture. Certes, il faut parfois sécuriser des pistes cyclables ou agrandir des trottoirs, mais il semble tout à fait accessible de se débarrasser de la voiture sur une grande partie de ces trajets courts. À l'autre bout du spectre, je retiens que les trajets de plus de 80 kilomètres sont en fait assez rares mais que ce sont les plus émetteurs. Assez logiquement, on utilise plus de pétrole quand on roule plus longtemps et plus vite, et donc on émet plus de gaz à effet de serre, et là on voit bien l'intérêt de réduire la vitesse sur les autoroutes – même si évidemment ce n'est pas la mesure la plus populaire.

La deuxième partie du raisonnement qui me frappe, c'est qu'il n'y a pas de solution unique pour diminuer la place de la voiture, il faut à la fois développer le train, le transport public, les pistes cyclables, sécuriser la marche, développer le covoiturage. Pour que cela fonctionne, il faut penser à cette complémentarité. Il n'y a pas de superhéros ou de Captain Marvel avec des pouvoirs incroyables qui pourront tout résoudre. C'est une tâche laborieuse qu'il faut mener collectivement, avec des politiques publiques, de l'innovation, de la communication, des infrastructures. Ce n'est pas aussi séduisant que les Avengers mais c'est cette combinaison qui peut marcher.

La troisième brique que je retiens, c'est ce que dit Aurélien Bigo sur ces véhicules intermédiaires. J'aime bien cette idée de gros vélo avec un toit ou de petite voiture légère, mais je me demande comment les faire entrer dans nos vies. J'ai l'impression que ce sont des véhicules qui peuvent être perçus comme ridicules par certains, ou un peu décalés par rapport à notre utilisation actuelle. Et peut-être même dangereux si tous les autres ont des gros SUV à côté. Comment pousser les constructeurs à développer et commercialiser ce type de produits alors que pour l'instant ils n'y ont pas du tout intérêt ?

Et puis autre chose me vient à l'esprit, qu'on n'a pas eu le temps d'aborder avec Aurélien Bigo. Le fait de se libérer de la voiture a aussi d'autres impacts qui n'ont rien à voir avec le changement climatique. Moins de voitures, c'est aussi moins de pollution de l'air, donc moins de maladies cardiovasculaires. C'est moins de mortalité sur la route parce qu'il y a moins d'accidents. C'est plus de gens qui marchent ou pratiquent le vélo et qui donc sont en meilleure santé. C'est plus de place dans les villes pour les enfants ou les activités collectives. En fait, la recherche sur le sujet est unanime, elle démontre depuis de nombreuses années qu'on aurait des bénéfices multiples à diminuer la place de la voiture dans nos vies. Mais alors, pourquoi n'arrive-t-on pas à rendre cette idée-là séduisante ?

9.

Faut-il encore prendre l'avion ?

avec Isabelle Laplace

Isabelle Laplace est chercheuse en économie et coresponsable du Pôle prospective « Durabilité, sécurité et autres enjeux sociétaux » à l'École nationale d'aviation civile, l'ENAC. Elle travaille depuis plus de dix ans à la transition climatique du secteur aérien.

J'ai très souvent essayé de faire cet exercice… et je n'y suis pas arrivé : combien de fois dans ma vie ai-je pris l'avion ? Quand j'étais enfant, j'ai quitté le Liban avec ma famille, ça fait un vol. J'y suis retourné peut-être dix à douze fois, toujours en vols aller-retour. Je suis allé étudier aux États-Unis, en Espagne. Je suis parti au Japon avec le CE du *Monde*. Puis, en tant que journaliste, je ne peux même pas compter, je suis allé au Texas, en Sibérie, en Arabie saoudite. Une fois, j'ai pris six avions en une semaine pour des reportages sur l'énergie solaire en Zambie et en Afrique du Sud. Comme on dit chez moi : « On vit de ses contradictions. »

Alors je ne suis pas très bien placé pour donner des leçons sur le fait de prendre ou non l'avion pour limiter les effets du changement climatique. Mais quand même, si la moyenne des émissions de chaque Français c'est l'équivalent de 10 tonnes de CO_2 par an, on peut avoir un ordre d'idée. Un aller-retour Paris-Sydney : 6 tonnes. Paris-Bangkok : 3,5 tonnes. Paris-New York : 1,5 tonne. Autrement dit, le secteur aérien pèse très vite très lourd dans le bilan carbone d'une personne ou d'une entreprise. Au niveau individuel, on peut décider de ne plus prendre l'avion ou de le prendre le moins possible, mais au niveau collectif, soyons franc, le secteur aérien nous pose un gros problème dans nos trajectoires climatiques. On ne sait pas très bien comment faire pour voler sans émettre de gaz à effet de serre.

Combien pèse vraiment le secteur aérien dans le réchauffement climatique ? Les avions à hydrogène ou les biocarburants sont-ils des alternatives crédibles ? Faut-il faire baisser fortement le trafic et comment y parvenir ?

Pouvez-vous commencer par nous expliquer le rôle que joue le secteur aérien dans le réchauffement ? On dit souvent qu'il représente 2,5 % des émissions de CO_2 au niveau mondial, mais ce n'est pas le seul critère à prendre en compte. Pourquoi les avions émettent-ils du CO_2 ?

Tout simplement parce qu'ils utilisent du kérosène, qui est en fait du pétrole, une énergie fossile. Quand il y a combustion de kérosène, il y a des émissions polluantes, en particulier de CO_2, le principal gaz à effet de serre. On estime que le transport aérien émet 2,5 % de CO_2 au niveau mondial, toutes activités confondues. Mais ce n'est pas tout : en termes d'effets indirects, il y a ce qu'on appelle les traînées de condensation. C'est quelque chose qu'on a tous vu en levant les yeux au ciel, la petite traînée blanche derrière l'appareil. Cette traînée de condensation génère des nuages, qui vont se comporter un peu comme des gaz à effet de serre, ils vont amplifier l'effet de serre au moment où ils sont présents, sachant qu'ils sont présents pendant quelques heures ou une journée. On a donc des émissions directes et indirectes et on ne connaît pas tout, on est encore à un stade de recherches. On sait bien mesurer le CO_2, mais pour ce qui concerne les traînées de condensation, on a encore à apprendre.

2,5 % ou 3 %, finalement, ce n'est pas si important si on compare à d'autres secteurs comme la voiture ou le numérique. Le problème, c'est que c'est un secteur qui est en pleine expansion. Tous les ans il augmente de 3 à 4 %, et donc les émissions de CO_2 augmentent automatiquement, non ?

Par le passé, le transport aérien a fait de gros efforts pour réduire la quantité de carburant utilisée : un avion des années 1970, comparé à un avion de maintenant, utilisait 45 % de plus de carburant pour parcourir la même distance. Par conséquent, on émet moins de CO_2 par vol. Associés à cela, on a eu aussi des changements de pratiques des compagnies aériennes qui ont utilisé des avions un peu plus gros, ont essayé de mieux les remplir, etc. Quand on cumule ces effets, on constate qu'on a eu des gains d'efficacité énergétique d'à peu près 80 % depuis les années 1970. Ces gains ont permis d'avoir des coûts d'exploitation réduits et aux compagnies aériennes de proposer des billets moins chers. La conséquence, c'est que plus de personnes ont pris l'avion, le volume de trafic a été multiplié par 12 à 13 sur la période. Le résultat, c'est que, malgré les gains d'efficacité énergétique importants, cette explosion du trafic n'a pas réussi à compenser les émissions de CO_2.

Parmi ces nouveaux utilisateurs, qui sont les gens qui prennent l'avion régulièrement ? On sait que c'est une toute petite partie de la population mondiale qui prend l'avion…

La disparité d'utilisation dépend vraiment du niveau de revenus et du pays d'origine. En moyenne, les personnes qui prennent l'avion ont un revenu moyen plus élevé que le revenu moyen de la population dont ils sont issus. On observe aussi que ceux qui utilisent plus fréquemment le transport aérien sont des personnes qui appartiennent aux niveaux les plus élevés des tranches de revenus. Dans les pays développés, on estime à 30 à 50 % la population qui aurait déjà pris l'avion, mais ce nombre se réduit si on considère la population du monde entier. Une étude de 2020 a estimé, en examinant le trafic de 2018, que seule 2 à 4 % de la population mondiale avait voyagé par avion pour un vol international.

On se rend compte que le nombre de gens qui prennent l'avion est minuscule… et qu'en fait ils émettent beaucoup de gaz à effet de serre par passager !

Oui, on estime que 1 % de la population émet 50 % des émissions de CO_2 du transport aérien. Bien que plus accessible, son utilisation dépend quand même du niveau de revenus. Cela dit, l'aspect géographique est important : on voit la question de notre prisme européen, mais dans certains endroits du monde, le transport aérien est vu comme un moyen de se développer économiquement. Je pense particulièrement aux pays africains, qui ont envie de développer leur trafic. Ils considèrent qu'on en a bien profité, et que maintenant leur tour est venu.

Peut-on essayer de balayer les différentes options possibles pour transformer l'aviation ? On a beaucoup entendu parler du projet porté notamment par Airbus de faire voler des avions à l'hydrogène d'ici 2035. Je dois dire que la difficulté de produire en grande quantité de l'hydrogène décarboné, c'est-à-dire à partir d'énergies renouvelables, m'a toujours laissé un peu sceptique. Est-ce vraiment réaliste de se dire que d'ici 2035 on aura une partie importante des avions qui volera à l'hydrogène ?

Il faut bien comprendre que la quantité de CO_2 émise dépend de trois grandes catégories : d'abord, du type de carburants qu'on utilise, puis des gains en efficacité énergétique et enfin du volume de trafic. Peut-on trouver des carburants qui soient moins carbonés, voire ne le soient pas du tout ? L'hydrogène est l'idéal d'un point de vue décarbonation, parce que s'il est lui-même produit de façon décarbonée, quand il est utilisé il n'émet que de la vapeur d'eau… Mais pour produire de l'hydrogène, l'électrolyse de l'eau utilise de l'énergie, qui doit elle-même être décarbonée. Or il n'y a pas que le transport aérien qui nécessite de l'électricité décarbonée, elle sert dans d'autres secteurs, d'autant que la tension sur nos besoins en électricité existe déjà.

On a une concurrence des usages pour l'hydrogène, et il n'est pas sûr qu'on puisse l'utiliser pour tout, c'est vrai. Mais on fait aussi face à des difficultés d'usage, les premiers projets présentés montrent des avions dans lesquels il faut stocker l'hydrogène, ce qui représente quasiment la moitié d'un avion actuel. Et puis des enjeux de sécurité... Est-ce bien réaliste de penser remplacer une partie importante de la flotte actuelle d'avions par des avions à hydrogène d'ici quinze ans ?

Vous avez raison de souligner que l'hydrogène ne peut pas être utilisé dans les avions actuels. Il faut concevoir de nouveaux aéronefs et cette conception prend du temps, effectivement. Airbus annonce pour 2035 le premier avion à hydrogène : si le délai est tenu, ce sera le premier, et ce sera sûrement l'expérimentation qui aura lieu à ce moment-là. Si tout se passe bien, il faut mettre en place les chaînes de production, adapter les aéroports, former les pilotes, etc. Finalement, tout le secteur doit se réadapter. Et si tout fonctionne bien dans les temps, il faudra ensuite que les compagnies renouvellent progressivement leurs flottes. Finalement, on se retrouve proche de 2050.

Il faut aussi comprendre que l'hydrogène ne sera pas valable pour tous les vols, au mieux pour les moyen-courriers, parce que c'est un gaz léger qui prend beaucoup de place.

Le secteur aérien expérimente aussi d'autres carburants alternatifs, notamment ceux issus de produits agricoles, des biocarburants ou agrocarburants. Est-ce que ça pourrait être généralisé ?

Les biocarburants pour l'aéronautique, les SAF, *Sustainable Aviation Fuel*, existent déjà. Ils ont un gros atout : ils peuvent être utilisés dans les avions actuels ; généralement on les mixe avec du kérosène. L'intérêt de ces biocarburants, c'est qu'ils sont produits à partir de biomasse (des productions et des déchets agricoles) qui a capté du CO_2 en amont. La réduction des émissions de CO_2 s'envisage sur le cycle de vie entier, c'est-à-dire de la production à la transformation, jusqu'au transport de cette énergie et l'utilisation d'un avion. Les SAF existent, une partie a déjà été certifiée et est utilisée, mais son volume de production actuel est très faible, ce qui fait que les prix d'achat sont très élevés.

Si l'on s'appuie sur des ressources agricoles, là aussi le conflit d'usages peut émerger très vite parce qu'on a besoin de terres agricoles pour se nourrir. Alors, s'il faut un nombre de terres agricoles incroyable pour faire voler des avions, est-ce que ce sera raisonnable d'aller dans cette direction ?

Ce qui est important à dire, c'est que pour être labellisé SAF, les contraintes sont très fortes, en particulier sur le fait que ce ne soit pas au détriment de la nourriture humaine ni de la biodiversité. De toute façon, la quantité sera limitée, on ne pourra pas avoir plus de biomasse que ce qui existe. En outre, cette biomasse alternative est aussi attractive pour d'autres industries. Finalement, chaque fois qu'on envisage des solutions, on voit émerger des limites ; ce qui ne veut pas dire qu'il ne faut pas y aller, mais il faut avoir conscience de ces limites et peut-être se dire qu'il n'y a sûrement pas une seule solution et que chacune doit être complétée par d'autres.

Une autre piste est parfois discutée, les avions électriques avec batteries. Pourquoi ne peut-on électrifier des avions comme on le fait pour des véhicules terrestres électriques ?

Il existe déjà des avions électriques qui fonctionnent sur batteries, c'est peut-être l'innovation technologique qui se développera le plus dans les années à venir. Mais, là encore, c'est pour un trafic très spécifique. Comme les batteries pèsent lourd, c'est adapté aux court-courriers, peut-être des avions régionaux qui parcourent au plus 200 kilomètres de distance. Le fait de transporter des batteries dans un avion consomme de l'énergie, donc on peut imaginer des grosses batteries... mais ça consommerait encore plus !

En fait, l'un des sujets les plus complexes, c'est l'aviation longue distance. Sur les courts trajets, on peut remplacer par le train, peut-être des avions électriques un jour. Sur des moyen-courriers, peut-être qu'après 2050 on aura des avions à hydrogène. Mais pour traverser l'Atlantique ou aller en Australie, le secteur n'a pas de solution à proposer ?

Les vols longue distance c'est le point crucial, à ce jour on ne sait pas comment le remplacer. Ou alors il faut revoir notre rapport au temps ! Mais si ça n'évolue pas, le transport aérien servira au moins sur les long-courriers... c'est vrai que pour l'instant il n'y a pas beaucoup de marges de manœuvre.

Quand on fait le tour des alternatives possibles, on constate qu'il n'y a pas de trajectoire crédible pour faire baisser de manière sérieuse les émissions de gaz à effet de serre du trafic aérien. Ne faut-il pas simplement diminuer le trafic ?

C'est la dernière catégorie des leviers d'action dont on parlait, jouer sur le volume de trafic, réduire le trafic, utiliser l'avion de façon différente. Ça peut vouloir dire qu'on se reporte vers d'autres modes de transport – on pense beaucoup au train, au TGV. Ça peut être fait de façon individuelle. On le sait peu, mais il y a aussi des offres intermodales entre les compagnies aériennes et les compagnies ferroviaires, par exemple, pour éviter un vol via une ligne intérieure.

Ce sujet a émergé pendant la Convention citoyenne pour le climat, qui avait proposé d'interdire tous les vols intérieurs d'une durée de quatre heures ou moins s'il y avait une alternative en train. Finalement, dans la loi, on a adopté une durée de deux heures et demie, qui n'a finalement concerné que trois lignes. Ne vaudrait-il pas mieux se concentrer sur des vols plus longs en Europe et chercher à les remplacer par le train sur de la longue distance ?

Peut-être, surtout si les infrastructures ferroviaires existent. Ce sont des décisions politiques à l'échelle européenne. S'il faut construire de nouvelles infrastructures ferroviaires, la question se pose, parce qu'il y a des conséquences en termes d'émissions de CO_2. C'est important, elles peuvent avoir des impacts sur la biodiversité. Il faut vraiment étudier l'ensemble et ne pas se focaliser sur un seul aspect. Est-ce que finalement on y gagne en construisant de nouvelles lignes ? Si la ligne existe et que les opérateurs arrivent à se mettre d'accord, il y a peut-être la possibilité d'offrir des trajets ferroviaires qui soient attractifs. Mais il y a des limites en termes de volume.

Si je suis tout à fait honnête, une partie des trajets que j'ai faits dans ma vie en avion n'était pas vraiment nécessaire. Partir en week-end avec des copains à Lisbonne ou à Berlin, c'est quelque chose que je ne fais plus aujourd'hui… Finalement, serait-ce grave si ces vols-là n'existaient pas ?

Peut-être pas pour ces vols-là. Mais attention, le rapport qu'on a au transport aérien est très différent si on vit en Europe, en France ou sur une île. L'avion ne sert pas qu'au tourisme, il peut être nécessaire pour des raisons de santé comme les évacuations sanitaires, pour avoir accès à l'éducation, comme les jeunes qui doivent quitter leur île natale pour faire des études. Si on interroge ces personnes-là, elles ont une autre relation à l'avion.

Si jamais on allait vers une forte baisse du trafic aérien, quelles seraient les conséquences pour celles et ceux qui travaillent dans les aéroports, dans le secteur du tourisme, liés au trafic aérien ?

D'après les estimations de la Commission européenne, on sait qu'un emploi généré dans le secteur de l'aéronautique en génère trois supplémentaires dans d'autres secteurs comme le tourisme, la logistique, voire le commerce, et donc effectivement, en termes d'emplois, les enjeux sont très importants. 100 euros de PIB supplémentaire générés par le secteur aéronautique génèrent 200 euros de PIB supplémentaire à l'économie. On voit bien qu'il y a des enjeux économiques forts dès qu'on touche ce secteur !

Un autre point me semble important : pour atteindre la neutralité carbone, le secteur aérien parle beaucoup de compensation carbone. Il met en avant le soutien à des projets de reforestation, ou à des projets qui vont stocker du carbone, etc. Quand une compagnie propose de compenser nos émissions individuelles en replantant des arbres, c'est plus de la communication qu'autre chose, ça n'a pas vraiment d'impact… Plusieurs enquêtes ont montré que cette pratique était souvent inefficace et parfois trompeuse. Peut-on faire confiance au secteur aérien sur ce plan ?

Lui faire confiance, ce n'est pas à moi de le dire ! Oui, on entend parler de ces controverses, on évoque notamment le fait que des compagnies aériennes ont proposé des compensations à leurs passagers, sous forme de plantation d'arbres. Mais ce n'est pas parce qu'on plante un arbre qu'il va stocker tout de suite le CO_2 que vous avez émis. Et puis finalement on ne sait pas vérifier tout ça, donc ces questions sont ouvertes.

Vous parlez aussi du « marché carbone » européen, le fait que les entreprises peuvent acheter et vendre leurs émissions de gaz à effet de serre entre elles. Comment ça marche ?

Chaque année, chaque entreprise des différentes industries a un quota carbone et ne peut pas le dépasser, ou alors doit acheter des quotas carbone aux autres. Il se trouve que le transport aérien a augmenté son trafic, donc les compagnies ont acheté des quotas carbone à d'autres industries qui, elles, avaient réussi à réduire leurs émissions. Ce système n'existait jusqu'à récemment qu'au niveau européen, mais l'Organisation de l'aviation civile internationale a décidé de mettre en place un mécanisme de marché carbone pour l'aviation internationale, appelé CORSIA.

Donc ce système peut être un prétexte pour les entreprises qui se dédouanent en disant qu'elles prennent en compte la question climatique alors qu'en réalité elles ne changent pas leurs habitudes. Elles peuvent même aller jusqu'à se vanter de manière mensongère de mener des actions. Le problème, c'est qu'en attendant les gaz à effet de serre restent dans l'atmosphère pendant des centaines d'années. N'y a-t-il pas là une forme de contradiction ?

C'est ce qu'il faut éviter. C'est difficile d'estimer ces impacts parce que ça dépend du prix de vente du carbone sur le marché. S'il est faible, les compagnies paieront un petit supplément pour continuer à développer leur trafic, donc effectivement ça n'ira pas dans le bon sens. Mais si le prix du carbone est plus élevé, là ça pourra limiter le trafic.

Rien n'est simple, qu'est-ce qui vous donne quand même des raisons d'espérer ?

C'est un immense challenge que doit relever le secteur, on sait bien que ce n'est pas individuellement qu'on va y arriver, mais que c'est collectif. Je trouve cet aspect collectif important, et ce défi me motive.

La question personnelle

Continuez-vous à prendre l'avion ?

Je continue… mais peu. Dans ma vie personnelle, je ne vole pas, ou vraiment très peu, c'est sporadique. Dans ma vie professionnelle, je n'ai parfois pas le choix, mais j'essaie quand même de limiter.

Ce que je retiens

J'ai appris beaucoup de choses dans cette conversation avec Isabelle Laplace mais, si je suis tout à fait honnête, je dois dire qu'elle me chiffonne un peu, elle me laisse un goût d'inachevé. Il y a au moins une première chose que cette conversation m'a aidé à clarifier : en fait, on ne sait pas remplacer les avions qui volent avec du pétrole par autre chose, on n'a aucune solution technologique disponible entre maintenant et 2050 qui va décarboner massivement tout le trafic aérien. L'hydrogène, les carburants alternatifs, l'électricité, tout ça est inexistant ou marginal aujourd'hui. Peut-être que cela existera dans vingt ans mais ça ne change pas le fond du problème : la part de l'avion doit diminuer de manière massive, car on n'a pas tellement le choix si on veut tenir notre trajectoire climatique.

La deuxième chose que je retiens, c'est le très petit nombre de gens qui prennent l'avion. 2 à 4 % de la population mondiale a déjà pris un vol international, ce qui illustre à quel point le problème du secteur aérien est d'abord un problème pour nous, les Occidentaux. Les Européens, les plus fortunés, c'est nous qui prenons massivement l'avion pour le travail, les loisirs, pour aller voir un ailleurs, autre chose, et donc c'est d'abord à nous, individuellement et collectivement, de ne conserver l'avion que là où il est absolument essentiel. Cela impliquerait de se poser les questions tous ensemble : est-ce si grave de renoncer à un week-end à Athènes ? Pourquoi paie-t-on plus cher le train que l'avion pour aller à Rome ou à Londres ? Pourquoi n'arrive-t-on pas à taxer correctement le trafic aérien ?

Et puis il y a un troisième aspect que je trouve très important, et c'est celui-là qui me frustre un peu après cette conversation. Franchement, les engagements du secteur aérien ne sont pas du tout convaincants. Airbus, Air France ou les autres compagnies aériennes font des annonces sur des technologies qui vont arriver dans vingt ou trente ans et disent qu'entre-temps ils nous promettent de planter des arbres ou d'acheter des crédits carbone sur un marché virtuel. Ce n'est pas très sérieux. Si on veut atteindre nos objectifs climatiques, le secteur et les pouvoirs publics devraient dès maintenant réfléchir à comment faire réduire le trafic et comment réorienter les compétences et les emplois vers des domaines qui font baisser les émissions. Là aussi, on a besoin de construire une trajectoire, de s'organiser, de se retrousser les manches, plutôt que de continuer à perdre du temps qu'on n'a pas.

Faut-il arrêter de prendre l'avion ? Je le disais au début de cet épisode, je suis mal placé pour dire aux gens ce qu'ils doivent faire. Évidemment, on est parfois obligé de prendre l'avion, pour voir sa famille qui habite loin, peut-être pour aller étudier à l'étranger, mais il n'y a pas besoin de réfléchir très longtemps pour se rendre compte que beaucoup de déplacements en avion peuvent être remplacés par le train ou tout simplement annulés. Comme souvent, il y a une part de choix individuels et une grande part de politiques publiques, de règles communes dont on pourrait se doter. Rendre l'avion plus cher, favoriser beaucoup plus le développement du train, annuler certaines lignes, ce devrait être aux pouvoirs publics de s'emparer sérieusement de ce dossier.

Un dernier point. Il me semble que le plus important dans cette conversation, ce n'est pas simplement l'histoire de la distance, c'est peut-être la question du temps. Pourquoi prend-on l'avion ? Parce qu'il raccourcit le temps et l'espace comme rien auparavant ne permettait de le faire. Mais si on doit accepter que les déplacements longue distance durent plus longtemps, peut-être faut-il organiser différemment notre travail et nos temps de loisirs, accepter que les déplacements professionnels durent plus longtemps, avoir des périodes de vacances plus longues et peut-être pas toutes au même moment, changer nos pratiques touristiques. En fait, changer de rythme, ralentir. Alors évidemment, à titre personnel, je trouve que c'est assez séduisant en théorie mais je ne suis pas sûr d'y arriver seul. La vraie question serait : est-on capables de ce ralentissement à un niveau plus collectif ?

10.

Faut-il manger moins de viande ?

avec Carine Barbier

Carine Barbier est économiste et ingénieure de recherche au CNRS et au CIRED (Centre international de recherche sur l'environnement et le développement). Elle a coordonné en 2022 l'étude « Prospective du système alimentaire et de son empreinte énergétique et carbone ». Cette somme de données et d'analyses préfigure ce à quoi ressembleront nos assiettes en 2050 dans une optique de neutralité carbone.

Je suis né à Beyrouth, au Liban, et j'ai grandi à Lyon dans le Rhône. Autrement dit : ma culture gastronomique balance entre la rosette et le chawarma, entre le pâté en croûte et le kefta. J'ai, en outre, la réputation d'être très gourmand. Quand je travaillais pour le site Internet du *Monde*, mes collègues prenaient souvent un dessert en plus à la boulangerie pour éviter de se faire grignoter le leur.

Autant dire que j'ai longtemps refusé l'idée que mon alimentation pouvait avoir un rôle quelconque dans mon bilan carbone. La dernière fois que j'ai essayé de devenir végétarien, j'ai échoué à cause d'un *chich taouk*, une recette libanaise de poulet grillé qu'on mange avec une délicieuse crème d'ail. La fois d'avant, je m'étais promis de ne pas manger de viande pendant trois mois et j'ai tenu un mois seulement, à cause d'une tartiflette fondante qui me faisait de l'œil.

Pourtant, je vois bien à quel point le modèle de production et de consommation de la viande pèse lourd. Il représente près de 15 % des émissions mondiales de gaz à effet de serre. Il faut dire que sur les cent dernières années, tout a changé dans notre manière de nous nourrir : on consomme beaucoup plus de viande par repas, l'alimentation animale est produite à l'autre bout du monde, la viande est transformée dans des processus industriels.

Pourquoi la viande est-elle responsable d'autant d'émissions de gaz à effet de serre ? Comment imaginer des régimes alimentaires qui soient compatibles avec notre trajectoire climatique ? Doit-on tous devenir végétariens ?

Pourquoi la production et la consommation de viande émettent-elles tant de gaz à effet de serre ?

Dans les émissions de gaz à effet de serre liées à notre alimentation, une grande partie provient de la viande. Il y a dans la viande deux types d'animaux, les ruminants et ce qu'on appelle les « monogastriques », c'est-à-dire les porcs et la volaille. Les ruminants ont un système de digestion particulier, qui fait qu'ils émettent du méthane par leurs rots. Et le méthane est un gaz à effet de serre extrêmement puissant, puisqu'il a un pouvoir de réchauffement climatique 28 fois supérieur à celui du CO_2.

Si on la replace dans un contexte général, depuis la production agricole jusqu'à notre assiette, l'alimentation en France représente à peu près 25 % de nos émissions de gaz à effet de serre. Les deux tiers environ sont des émissions liées à la production agricole elle-même, si on tient compte aussi de ce qu'on appelle les « intrants », c'est-à-dire les engrais, les pesticides et l'alimentation animale pour produire ces denrées alimentaires.

Est-ce la même chose pour tous les types de viande ? Il y a une spécificité pour les bovins, pour les ovins, donc pour les ruminants, parce qu'ils émettent plus de méthane ?

Un kilo de bœuf en poids vif qu'on va acheter pour nourrir une grande famille émet à peu près 14 kilos de gaz à effet de serre – on parle de 14 kilos de « CO_2 équivalent », qui pondère le CO_2, le méthane et le protoxyde d'azote (N_2O). Par contre, 1 kilo de porc émet trois fois moins, à peu près 4 kilos de gaz à effet de serre, et la volaille encore la moitié, à peu près 2 kilos de gaz à effet de serre. Dans ces chiffres, on compte à la fois les émissions des ruminants et celles liées à l'alimentation de ces animaux d'élevage.

On peut également parler des produits laitiers : si on mange 1 kilo de fromage, on est autour de 6 kilos de CO_2. 1 kilo de lait, c'est aussi 1 kilo de CO_2 émis.

Cet impact climatique est-il vraiment différent de celui des produits végétaux, des fruits et des légumes ou des céréales ?

Les deux tiers de notre assiette sont, en fait, des produits végétaux. Là, on est vraiment sur des émissions beaucoup plus faibles, qui sont de moins de 1 kilo de CO_2 par kilo consommé, généralement plutôt autour de 0,1 à 0,2. Donc, la partie végétale de notre alimentation est vraiment beaucoup moins émettrice que la partie animale.

Le méthane émis par les rots des vaches n'est pas le seul gaz à effet de serre en cause ?

Il y a aussi le protoxyde d'azote, un gaz à effet de serre extrêmement puissant, qui vient en grande partie de la fabrication et, surtout, de l'usage d'engrais azotés minéraux. Des engrais qu'on répand sur les champs et qui se volatilisent et contribuent au réchauffement climatique. Le protoxyde d'azote est 300 fois plus puissant que le CO_2, du point de vue du réchauffement climatique. Donc, dans la production agricole, que ce soit pour l'élevage de ruminants ou pour la production d'une alimentation animale ou végétale, l'utilisation d'engrais minéraux émet beaucoup de gaz à effet de serre.

Ce qui pèse lourd, c'est également le transport de céréales pour l'alimentation animale, qui est souvent importée.

Effectivement, l'essentiel de notre consommation alimentaire en France est produit en France. Il y a quand même une part, de l'ordre de 15 à 20 % qui est importée, majoritairement de pays européens, mais aussi du reste du monde. Il y a vraiment un enjeu très important à réduire les importations et à réduire les distances, pour faire baisser les émissions.

Dans ces importations, effectivement, le premier poste, ce sont des tourteaux pour l'alimentation animale. Or les tourteaux de soja viennent pour la plupart du centre du Brésil (du Mato Grosso) et leur production participe à la déforestation, notamment des savanes arborées. Et puis, il y a aussi de l'alimentation animale qui peut venir d'autres tourteaux, de tournesol par exemple, de l'Est, de la Russie ou de l'Ukraine, ou d'autres oléoprotéagineux qui peuvent venir d'Afrique ou d'Asie.

La deuxième catégorie, ce sont les fruits et légumes. On produit une minorité de ce qu'on consomme en France, notamment en fruits : bien souvent, ils viennent de très loin. On peut penser aux bananes, aux oranges, aux agrumes qui viennent d'Amérique latine. Beaucoup de jus de fruits viennent d'Amérique latine, du Costa Rica, du Brésil. Et puis, beaucoup de légumes viennent d'Europe mais parcourent pas mal de distance, alors qu'on pourrait en grande partie les produire en France, à condition de manger des légumes de saison, produits plus localement.

Pourtant, la filière bovine assure qu'en France la plupart des animaux sont nourris avec de l'alimentation produite à la ferme et pas avec de l'alimentation importée.

Nous avons étudié précisément l'occupation de la surface agricole. Près de 85 % de la surface agricole nécessaire à l'alimentation de la population en France est consacrée à l'alimentation animale, donc à l'élevage. C'est un poids très important. Bien sûr, il y a les prairies, qu'elles soient temporaires ou permanentes. Mais il y a aussi toute la partie production de céréales, de maïs par exemple, ou d'oléoprotéagineux, qui est mobilisée pour l'alimentation animale. Nous avons quand même beaucoup d'élevage intensif, y compris pour les vaches laitières. Pour l'ensemble de l'élevage, à peu près la moitié de l'alimentation provient d'herbe, de prairies, mais l'autre moitié provient de produits céréaliers, maïs, cultures fourragères, et de tourteaux, souvent importés.

L'impact carbone des vaches élevées en France serait-il meilleur si elles étaient nourries prioritairement avec de l'herbe ou des céréales qui poussent en France ?

Le bilan carbone, évidemment, dépend beaucoup des pratiques d'élevage. Ce qui est vrai, c'est qu'on a tout intérêt à avoir des élevages qui consomment essentiellement de l'herbe, donc un mode d'élevage qui soit un peu plus extensif qu'aujourd'hui, même s'il consomme de l'espace, à partir du moment où on a des prairies permanentes qu'on veut préserver, des prairies d'alpage, etc. – c'est vrai aussi pour les moutons ou les chèvres.

L'autre solution, c'est d'arriver à vraiment réduire notre consommation de viande. On a imaginé, dans notre scénario, favoriser plutôt la production à la fois de viande et de lait, donc de maintenir plus ou moins le cheptel des vaches laitières et de réduire de manière assez importante tout ce qui est viande produite pour le muscle. D'autant plus que c'est une production qui occasionne beaucoup de transports : des veaux partent en Italie pour être engraissés, puis reviennent.

Les deux leviers vraiment essentiels, c'est de réduire très fortement notre consommation de viande, de la diviser par trois, par quatre. Ça veut dire l'espacer, manger de plus petites portions, en faire plutôt des repas de fête ou de week-end plutôt qu'une consommation quotidienne. Et puis, le deuxième élément, c'est d'avoir un élevage beaucoup plus herbager, qui va limiter la consommation de céréales ou de protéagineux et, par là même, la consommation d'engrais azotés minéraux ou de pesticides.

Je voudrais revenir sur la question de la déforestation. Non seulement il faut beaucoup d'énergie fossile pour transporter cette alimentation animale, mais, en plus, pour la produire, on coupe des arbres qui stockaient du carbone.

Oui, tout à fait. Dans les émissions dont j'ai parlé tout à l'heure, la déforestation n'est pas comprise alors qu'elle pèse lourd dans les émissions de gaz à effet de serre mondiales, à peu près 15 %. En France, on importe assez peu de viande directement d'Amérique latine ou des zones tropicales, mais on importe, par contre, beaucoup de tourteaux de soja issus de cette déforestation.

Vous avez dessiné plusieurs scénarios sur ce à quoi pourrait ressembler notre alimentation dans le futur. Pouvez-vous nous les décrire ?

Ce qu'on peut dire sur la consommation alimentaire, c'est d'abord qu'il y a une concordance d'objectifs entre les questions de santé et les questions d'alimentation. L'obésité est en train de se développer, en France comme ailleurs. On a un double problème de qualité et de quantité. Par rapport à notre activité, nous consommons, en moyenne, beaucoup trop de calories, donc nous pourrions déjà essayer de réduire notre consommation, ce qui serait plus sain d'un point de vue nutritionnel. Et puis nous consommons aussi beaucoup trop de protéines. Personne, en France, n'a de risque de carence en protéines. On a toujours l'impression que c'est important de manger de la viande pour être en bonne santé. En réalité, on en mange deux fois trop, que ces protéines soient d'origine végétale ou animale.

Concrètement, qu'est-ce que ça veut dire ? Quelle quantité de viande mange-t-on, en moyenne, en France ?

Nous mangeons environ entre 100 et 110 grammes de viande par jour et par personne, soit à peu près 85 kilos par an (en incluant la carcasse et les os). C'est deux fois la moyenne mondiale. Les pays riches, l'Europe, l'Amérique du Nord, consomment énormément de produits animaux, beaucoup plus que nécessaire. C'est aussi une question de justice : d'autres régions du monde, comme l'Afrique, ne consomment que 17 kilos de viande par habitant et par an. Le fait que nous fassions des efforts pour réduire notre consommation de viande est aussi un enjeu pour permettre à d'autres populations de bénéficier des protéines dont elles ont besoin.

C'est un peu la brique de base pour n'importe quel scénario d'alimentation qui prendrait en compte la question climatique : il faut diminuer cette consommation de viande. Reste à voir de combien on la diminue et par quoi on la remplace.

Si nous diminuons notre consommation de manière importante, il faut essayer de privilégier les viandes qui sont moins émettrices de gaz à effet de serre : le porc, la volaille, notamment. C'est la tendance actuelle. Il faut aussi réduire les produits laitiers. Et puis, surtout, il faut substituer à ces protéines animales des protéines végétales. Aujourd'hui, on consomme deux tiers de protéines animales et un tiers de protéines végétales. On pourrait au moins inverser le rapport, faire en sorte que les protéines végétales soient plus importantes, et donc augmenter notre consommation de lentilles, de pois cassés, de haricots…

Sur ce point, la discussion est souvent difficile. N'y a-t-il pas une contradiction entre les représentations qu'on a de nos besoins et la trajectoire climatique de l'alimentation ?

Si, tout à fait. Beaucoup d'idées reçues sont liées à la viande, associée à la force, à la puissance, à la masculinité : par exemple l'idée que les hommes devraient manger beaucoup de viande. D'ailleurs, ils en mangent beaucoup plus que les femmes. C'est de la méconnaissance ; aujourd'hui, les nutritionnistes montrent qu'il est possible de consommer moins de viande et plus de légumineuses.

Quelles sont les catégories de la population qui consomment le plus de viande ? La moyenne de 110 grammes par jour est un peu trompeuse.

C'est vrai. Les 10 % qui consomment le moins de viande sont autour de 20 ou 30 grammes par jour et les 10 % qui consomment le plus sont à plus de 200 grammes par jour. Quand on étudie dans le détail, on s'aperçoit que c'est d'abord les femmes qui en consomment le moins. Et puis, il y a aussi le niveau d'éducation qui entre en compte : les personnes qui ont un certain niveau d'éducation et un certain capital culturel consomment moins de viande. Le revenu joue également, mais pas tant que ça. On retrouve des consommations de viande assez importantes dans tous les milieux sociaux. Pourtant, les prix, bien sûr, ont un rôle, parce que la consommation de viande coûte relativement cher – on peut vraiment alléger son panier en diminuant ses achats de viande. Mais cette habitude culturelle de considérer que manger de la viande tous les jours, voire à tous les repas, est très important demeure tenace alors que c'est faux d'un point de vue nutritionnel.

Quels seraient les leviers pour réduire la consommation de viande de manière collective ? Faut-il changer les menus des cantines ?

C'est vrai que la restauration hors domicile est un levier extrêmement important – une grande partie de la population mange à l'extérieur cinq jours sur sept. C'est là que la question de l'offre est cruciale : si on n'a pas la possibilité de prendre un menu végétarien ou de choisir sa portion de viande, on n'a pas tellement le choix. Si nous voulons vraiment modifier nos habitudes alimentaires, les collectivités locales doivent faire en sorte qu'il y ait des repas végétariens systématiquement, chaque jour, dans toutes ces restaurations collectives, et les valoriser le plus possible.

Une autre idée me semble intéressante : celle du plat éco-citoyen, qui peut être un plat végétarien ou un plat avec une portion de viande moins importante, qui n'est pas forcément le cœur de l'assiette. Dans les cantines, nous pourrions avoir cette option de manière systématique et la valoriser, en expliquant que c'est une manière de préserver la planète, de lutter contre la déforestation et pour le bien-être animal.

Mais proposer des plats végétariens risque de ne pas suffire pour pousser les consommateurs à changer leurs habitudes.

Bien sûr. Pour y arriver, il faut changer la réglementation, mais aussi accompagner le personnel des cantines avec de la formation, pour que ces plats soient plus alléchants, pour cuisiner avec d'autres ingrédients. Et puis il y a, dans les collectivités locales, la contrainte de faire toujours moins cher. La réglementation des marchés publics donne la priorité au prestataire le moins coûteux. Une cantine ou une municipalité qui veut avoir des produits locaux est obligée de contourner la loi pour favoriser des producteurs de proximité !

L'impact carbone de la viande produite en agriculture biologique est-il forcément meilleur ? Cela permet d'utiliser moins de pesticides et de préserver la biodiversité, mais en matière de climat, quel est le résultat ?

Les émissions sont moins importantes puisque l'alimentation animale a dû être produite sans engrais azotés minéraux. Les pratiques agricoles sont moins intensives et moins émettrices de gaz à effet de serre. Par contre, le bio en général consomme un peu plus de terres. Les rendements sont un peu moins élevés, on a une occupation du sol un peu plus importante, donc, mécaniquement, des émissions plus importantes. L'un dans l'autre, c'est à peu près équivalent à une agriculture conventionnelle. En ce qui concerne l'élevage, les bénéfices sont vraiment sur la question de la biodiversité ou sur celle des engrais.

On peut déduire de ce que vous dites qu'il y a un intérêt fort à relocaliser la production. Cela concerne-t-il aussi le reste de l'alimentation, pas simplement la viande ?

Oui, bien sûr. La première mesure est de produire si possible dans la région, ou au moins d'avoir un approvisionnement en France. Cela évite les transports : plus on augmente les distances, plus on émet. On a vraiment intérêt à contraindre un peu ce commerce international, à faire le choix à la fois de réduire nos exportations et de tourner la production française vers notre marché intérieur. Pour cela, il faudrait que le transport coûte plus cher, avec des règles qui imposent de meilleures conditions de travail et de rémunération aux employés des secteurs routier et maritime, ce qui obligerait les chargeurs à réfléchir à leur manière de s'organiser pour limiter ce transport.

Mais cela aura-t-il un impact sur le coût de l'alimentation pour les consommateurs ?

Si on mange moins de viande, si on mange des produits de saison – en hiver, des carottes, des poireaux, des courges plutôt que des tomates qui ont poussé dans une terre chauffée ou des fruits qu'on a importés de très loin –, a priori le coût du panier est moins élevé. On peut aussi rappeler que l'alimentation, un besoin essentiel, n'est pas à sa juste valeur dans le budget des ménages. À l'inverse, on pourrait, par exemple, contraindre d'autres dépenses, comme les prix des loyers, qui sont devenus exorbitants, pour avoir un rééquilibrage entre nos dépenses de logement et nos dépenses alimentaires.

Ce que montrent vos travaux, c'est que tout le monde doit réduire fortement sa consommation de viande, mais pas forcément devenir végétarien.

C'est encore pertinent d'avoir de l'élevage en France, pour maintenir des prairies, des paysages ouverts, pour maintenir la biodiversité qui est propre à ces espaces. Il faut prendre aussi en compte la dimension sociale, bien sûr, celle des revenus des éleveurs, qui doivent être accompagnés dans cette évolution. Ce qui veut dire qu'il faut faire évoluer les pratiques d'élevage en allant vers plus de polyculture, ce qui est déjà un peu le cas. L'idée n'est pas de réduire totalement, mais d'amorcer une vraie bifurcation, qui n'est pas juste cosmétique. Sans une baisse extrêmement importante de l'élevage et de la consommation de viande, nous ne pourrons pas respecter notre engagement, qui est d'arriver à la neutralité carbone en 2050.

La question personnelle

Avez-vous changé vos habitudes alimentaires ?

Je continue à manger de la viande, mais beaucoup plus rarement, et d'origine locale. J'ai aussi beaucoup changé ma consommation de fruits et légumes en travaillant sur ces sujets. Quand j'ai appris que des millions de tonnes d'oranges et de jus d'orange venaient sous forme fraîche ou concentrée du Brésil, par exemple, j'ai décidé de le remplacer par du jus de pomme ou de fruits tempérés. J'ai aussi beaucoup réduit ma consommation de café.

Ce que je retiens

Cette conversation avec Carine Barbier a bousculé plusieurs de mes certitudes. La première chose que je retiens, c'est évidemment le poids massif des émissions de gaz à effet de serre de la viande, et en particulier la différence entre le bœuf et le reste. Un kilo de bœuf émet trois fois plus que l'équivalent de porc, sept fois plus que l'équivalent de poulet. Je savais que le méthane émis par l'élevage intensif de troupeaux jouait un rôle important, mais je n'avais pas conscience de la place cruciale qu'occupe l'alimentation animale. Le soja cultivé au Brésil pour nourrir des vaches en France, c'est la double peine climatique : on émet du CO_2 à cause du transport en camion et en bateau, et en plus on détruit des forêts et des savanes qui stockent du carbone, ce qui aggrave le changement climatique.

Le deuxième point auquel je n'avais jamais vraiment réfléchi, c'est la question des produits laitiers. Or c'est une importante part de mon alimentation, du yaourt grec à la fourme d'Ambert. C'est pourtant assez logique : si l'élevage intensif provoque autant d'émissions, alors l'industrie laitière est aussi concernée. Je retiens ce chiffre : un kilo de fromage émet trois fois plus qu'un kilo de poulet.

Le troisième aspect, et au fond le plus important, c'est qu'il y a une voie possible, réaliste, pour réduire massivement les émissions de l'alimentation : manger moins de viande, relocaliser la production agricole, manger des fruits et des légumes de saison. Il se trouve que cette recette est aussi celle qui est recommandée pour être en meilleure santé. Tout cela me fait penser à ce que dit l'économiste Céline Guivarch sur les cobénéfices de l'action climatique. Arrêter les voitures à essence, c'est bon pour le climat mais aussi pour nos poumons et ceux de nos enfants. Manger moins de viande c'est bon pour le climat, mais c'est aussi bon pour notre santé – et peut-être même un peu mieux pour mon tour de taille.

Le débat sur cette question est souvent présenté de manière caricaturale : on aurait d'un côté des véganes qui veulent tout interdire et de l'autre des viandards qui ne voudraient rien changer. Pourtant, il y a là aussi une voie intermédiaire : diminuer fortement la consommation ne veut pas dire arrêter toute la filière. Proposer des alternatives végétariennes et des plats moins garnis en viande dans les cantines ne signifie pas qu'on va affamer les enfants. Il y a là un sujet culturel majeur : comment mener cette bataille de manière apaisée et sans provoquer une immédiate levée de boucliers ? La viande touche tellement à nos imaginaires, nos références culturelles, nos moments familiaux, que rien de tout cela ne changera du jour au lendemain. D'où l'importance de construire une trajectoire, progressive et comprise par toutes et tous, pour y parvenir.

11.

Comment changer de modèle agricole ?

avec Nicolas Bricas

Nicolas Bricas est socioéconomiste de l'alimentation, chercheur au Centre de coopération internationale en recherche agronomique pour le développement (CIRAD), titulaire de la chaire UNESCO Alimentations du monde. Il a codirigé en 2021 *Une écologie de l'alimentation* (Quæ, 2021) et plusieurs ouvrages sur l'alimentation et l'agriculture.

Avec quelques-uns de mes collègues, nous avons aidé à déployer dans la rédaction du *Monde* un atelier de sensibilisation appelé « La fresque du climat ». C'est un genre de jeu de cartes moches dessinées par des ingénieurs qui résument à grands traits les rapports du GIEC. L'intérêt, c'est que c'est presque ludique comme manière de comprendre le changement climatique. Une des choses qui m'ont frappé, c'est que quand on dispose toutes les cartes et qu'on regarde les causes et les conséquences, une bonne partie des flèches arrivent au même endroit. La hausse des températures, la disparition des abeilles, la baisse de la ressource en eau, les crues, les cyclones, tout cela conduit à la même chose : une baisse massive des rendements agricoles. Autrement dit, le changement climatique risque de rendre l'agriculture très difficile, voire impossible sur une partie de la planète.

Mais ce que j'ai mis plus de temps à comprendre, c'est que notre système agricole est à la fois une victime massive du changement climatique et l'un des secteurs qui y contribuent le plus. En France, l'agriculture pèse 19 % de nos émissions de gaz à effet de serre – le deuxième plus gros secteur émetteur après les transports. Pour se nourrir, on utilise massivement du pétrole et du gaz, mais aussi des produits chimiques, devenus indispensables pour beaucoup d'agriculteurs.

Pourquoi l'agriculture a-t-elle un impact aussi important sur notre environnement ? Peut-on changer les pratiques agricoles tout en ayant suffisamment de nourriture pour tout le monde ? Comment transformer le modèle agricole dans lequel la France s'est construite ?

Le système agricole émet du CO_2 *parce qu'on a besoin de faire rouler les tracteurs et de transporter les denrées alimentaires, mais aussi du méthane qui vient des ruminants et en particulier des vaches, ou du protoxyde d'azote qui vient des produits chimiques utilisés dans l'agriculture. Mais l'agriculture a aussi d'autres impacts sur l'environnement…*

Il faut bien dire « notre système agricole », c'est-à-dire la façon dont il est organisé aujourd'hui dans les pays industrialisés. Il a effectivement un impact important sur le climat parce qu'il est émetteur de gaz à effet de serre, alors qu'il pourrait être capteur de CO_2, notamment dans les prairies, mais il est aussi responsable de l'effondrement brutal et rapide de la biodiversité, notamment du fait de l'usage massif des pesticides, herbicides, insecticides, fongicides, qui détruisent la vie des sols, les insectes, et par ricochet les oiseaux, et menacent directement la possibilité de continuer de produire. Il faut ajouter à cela la pollution azotée, qui passe dans les sols, dans l'air, dans les nappes phréatiques. C'est un problème très sérieux, comme on peut le voir avec la décision en 2021 du gouvernement néerlandais – qui n'est pas du tout écolo – de réduire de 30 % le cheptel bovin parce que la pollution azotée est devenue si dramatique que c'est complètement ingérable.

Ce système agricole a été mis en place au sortir de la Seconde Guerre mondiale afin de nourrir le plus grand nombre. S'est-on trompé ? N'aurait-on pas dû mettre en place ce système-là ?

Au lendemain de la Seconde Guerre mondiale, la préoccupation est d'arriver à nourrir la France, sans être trop dépendant de pays extérieurs qui ont été moins abîmés par la guerre. On met en place un mécanisme d'agriculture industrielle où on va remplacer la principale source d'énergie utilisée – le soleil – par du charbon, du pétrole, du gaz. Cela va permettre de nourrir une population qui s'accroît. Autrefois, la régulation de la population se faisait par les famines, donc ce système industriel est une immense réussite, il a permis d'augmenter la productivité du travail et celle de la terre. C'est à partir des années 1980 qu'on commence à réaliser que ce système pollue et risque d'épuiser les ressources. À cette époque, des chercheurs se rendent compte que ce n'est pas durable de généraliser ce système, mais la machine est lancée. Le problème, c'est que tous les agriculteurs ont été financés par le crédit, équipés par les entreprises d'équipements agricoles, fournis en engrais, en semences, en pesticides, etc. Ce qui rend d'autant plus compliqué de changer ce système.

J'ai l'impression qu'on a d'un côté des grands exploitants très rentables et de l'autre des petits acteurs qui tentent de développer une agriculture différente. Est-ce caricatural de voir notre système agricole comme ça ?

Les agriculteurs qui ont aujourd'hui plus de 55 ans ont été orientés vers une spécialisation de leur production, la mécanisation, l'usage d'intrants non renouvelables. Ils sont embarqués dans une trajectoire extrêmement difficile à changer. Il ne faut pas reprocher à ces gens-là d'avoir fait les mauvais choix, ils y ont été poussés. Aujourd'hui, on les accuse en disant « Vous polluez, vous faites effondrer la biodiversité, vous épuisez les ressources », mais c'est ce que fait le système agricole dans son ensemble. La nouvelle génération qui arrive se retrouve confrontée à un très gros problème : les exploitations ont eu tendance à grossir, parce que beaucoup d'agriculteurs partent à la retraite, que c'est très difficile de reprendre, que la terre est devenue très chère, et donc seuls les plus gros rachètent les parts de plus petits. Il y a pourtant des jeunes qui s'installent et veulent faire différemment de leurs aînés, ils expérimentent dans la permaculture, dans la diversification, dans la multiactivité, ou travaillent à plusieurs. Ils inventent des façons de produire vraiment nouvelles, même si pour l'heure ils ont peu accès au crédit, aux conseillers agricoles, et sont peu reconnus.

Plus de la moitié des agriculteurs vont partir à la retraite dans les dix ans qui viennent et ces initiatives risquent de ne pas être suffisantes pour les remplacer…

C'est compliqué. Dans certaines zones, les salariés agricoles viennent souvent de l'étranger, du Maroc ou de pays d'Amérique latine pour la partie sud de la France, ou de Pologne dans le Nord. Ces gens connaissent les exploitations et seraient intéressés à les reprendre. Mais vous imaginez bien que pour beaucoup de gens, imaginer que des étrangers vont venir cultiver notre terre, alors que c'est notre identité, notre ancrage territorial et tout ce que vous voulez, c'est compliqué ! Là, on a besoin d'un vrai débat : qui va cultiver notre terre demain ? et comment ?

L'agriculture biologique est-elle forcément meilleure pour l'environnement ?

L'agriculture biologique est clairement favorable pour l'environnement, tout d'abord pour la biodiversité. Parce qu'elle n'utilise pas de pesticides chimiques et aussi qu'elle travaille sur la diversification des cultures. L'INRAE (Institut national de recherche pour l'agriculture, l'alimentation et l'environnement) vient de faire une synthèse[1] qui montre à quel point cette pratique réduit les attaques de prédateurs et donc l'usage des pesticides. Cela permet de retrouver la vie des sols, la biodiversité.

Aujourd'hui, en moyenne, les rendements dans l'agriculture biologique sont plus faibles que dans l'agriculture industrielle. Mais il faut avoir en tête que l'agriculture biologique n'a pas

1. Tibi *et al.*, « Protéger les cultures en augmentant la diversité végétale des espaces agricoles », INRAE, 2022.

bénéficié du moindre effort de la recherche depuis l'après-guerre. On a considéré les agriculteurs bio comme des charlots dans les années 1970-1980, quand ils ont commencé à s'installer. Si on convertit l'effort de recherches pour accompagner une multitude de nouvelles formes de production agricole, alors on peut espérer avoir de bons rendements. On a déjà les preuves de cela, on a déjà des gens qui sont en agriculture biologique ou en permaculture et qui ont de très bons rendements sans détruire la biodiversité et avec une pollution beaucoup moins importante.

Pour autant, est-ce que cela veut dire qu'il faut la généraliser ?

D'un point de vue technique, l'agriculture biologique est un bon modèle. Mais il faut aussi encourager les agriculteurs qui n'ont pas de label mais qui réduisent très sensiblement les pesticides, essaient de diversifier, inventent d'autres systèmes, mais qui utilisent encore quelquefois un peu de pesticides, un peu d'engrais, parce qu'ils sont en train de se convertir. Ensuite, l'agriculture biologique n'est pas l'alpha et l'oméga des nouveaux modèles agricoles, et ne résout pas tous les problèmes ! Elle ne se pose pas trop de questions sur la main-d'œuvre agricole, sur l'équité de la rémunération, etc.

Je trouve plus intéressant le projet de l'agroécologie, qui est un mode de raisonnement sur ce que sont l'agriculture et l'alimentation. Il s'agit de reconnaître que l'alimentation, ce n'est pas simplement absorber les calories les moins chères ! L'alimentation, c'est aussi se faire plaisir, construire son identité individuelle, c'est évidemment construire sa santé, c'est donc un rapport à soi. Et puis enfin, l'alimentation a un rapport à la biosphère, aux animaux, cela construit les paysages. Si on reconnaît que l'alimentation, c'est tout cela à la fois – et donc bien plus que simplement de la nourriture que l'on ingère –, alors on repense autrement la question agricole.

Dans ces autres modèles, il y a aussi les AMAP (Associations pour le maintien d'une agriculture paysanne). Une initiative comme celle-ci vous semble-t-elle intéressante ou anecdotique ?

Les AMAP, les circuits courts, la production locale, ce sont des moyens d'inventer des possibles, d'expérimenter qu'on peut faire autrement. Pour autant, je ne pense pas que le système agricole va changer uniquement en laissant fleurir ces initiatives, si on n'a pas de véritables politiques qui transforment, rendent ces expérimentations beaucoup plus faciles à réaliser, etc. Aujourd'hui, les gens qui font cela se retrouvent confrontés à beaucoup de problèmes, et même si ces agriculteurs s'entraident énormément, l'appareil de production, le crédit, l'assurance, le conseil, les intrants agricoles, tout ce système n'est pas du tout favorable à ces expérimentations. Il est dans une fuite en avant technologique pour conserver le pouvoir.

Mais cette production industrielle est soutenue, en quelque sorte, par notre consommation et nos pratiques alimentaires, et notre volonté de ne pas payer cher. Vous suivez de près une expérimentation qui a lieu à Montpellier, la caisse alimentaire commune, qui essaie de faire le lien entre ces différentes questions, la production agricole, la question de l'accès pour tous à une alimentation de qualité…

C'est une initiative qui a été montée par une vingtaine d'associations qui se demandaient comment donner accès à une alimentation de qualité – d'un point de vue nutritionnel, sanitaire, environnemental, social. Comment éviter que l'alimentation dite durable soit seulement dans les mains des plus riches, des plus éduqués, qui ont les moyens de payer un peu plus cher leur alimentation ? En discutant, on s'est rendu compte que ce n'était pas qu'une question de pouvoir d'achat – mais une question de pouvoir tout court ! L'enjeu, c'était aussi de redonner du pouvoir aux gens sur leur système alimentaire. Donc on a constitué un comité citoyen, pour le moment d'une cinquantaine de personnes, qui viennent de tous les milieux économiques. Ce comité s'inspire d'une proposition issue d'un collectif de la société civile, à l'échelle française, qui s'appelle la Sécurité sociale de l'alimentation. C'est la même idée que la Sécu de l'après-guerre : chacun cotise à hauteur de son revenu mais tous, quels qu'ils soient, touchent la même chose pour accéder à une partie de son alimentation et pouvoir se payer au moins une partie de son alimentation sous forme de produits de qualité.

C'est une sorte de chèque alimentaire dirigé vers certains produits ou certains magasins qui ont été collectivement identifiés comme étant de qualité ?

Absolument, ce sont les citoyens qui ont décidé ce à quoi leur donne accès le dispositif. À Montpellier, le comité a déjà conventionné quelques magasins. On cotise selon son niveau de revenus – entre 1 et 150 euros – pour toucher chaque mois 100 euros. Certains paient donc plus cher que ce qu'ils reçoivent, ce qui permet de prendre en charge une partie de la différence de ceux qui cotisent moins de 100 euros. Pour le moment, c'est expérimental. L'objectif *in fine*, c'est la mise en place d'une sécurité sociale de l'alimentation, c'est-à-dire l'organisation d'une cotisation pour tous afin de remplir une caisse de plusieurs milliards qui va permettre à chacun de bénéficier d'une somme par personne et par mois pour pouvoir acheter une nourriture qu'on a choisi d'acheter et pas simplement en réaction à ce qu'on nous propose et à ce que nous propose l'industrie.

En fait, cette proposition renvoie à l'idée d'un débat démocratique plus large sur l'agriculture et l'alimentation ?

Ce qui est intéressant, c'est d'être dans une situation où on n'est pas des consommateurs qui réagissent avec leur portemonnaie mais d'être dans une situation de construire une offre, et donc aider à orienter le système. D'ailleurs, ça ne veut pas dire que tout va aller vers le bio, le local ou l'équitable ! Il y a du débat entre les citoyens d'origines sociales diverses, qui disent par exemple : « Je veux de la qualité gustative, je veux du pas cher, et si possible qui ne m'empoisonne pas, et si possible qui est bio », mais on voit qu'il y a un débat démocratique qui s'instaure entre des gens très divers, c'est de la mixité sociale.

C'est une réflexion dans laquelle les gens reprennent la main sur leur alimentation.

Mais du point de vue des agriculteurs, qu'est-ce qui peut faire changer les pratiques ? Ces initiatives ne risquent-elles pas d'apparaître comme trop extérieures ?

Ces comités citoyens doivent dialoguer avec les agriculteurs, les rencontrer, comprendre leurs contraintes – c'est ce qu'on est en train d'essayer de faire à Montpellier. Une convention citoyenne locale ne peut pas être faite que de consommateurs. Il faut aussi des agriculteurs, des commerçants, des transformateurs, et c'est ensemble qu'on construit un autre contrat social autour de l'alimentation. Mais pour que cela prenne vraiment de l'ampleur, il faut une politique claire. Aujourd'hui, on a une politique agricole commune qui distribue à peu près 9 milliards d'euros en France par an. Ils pourraient être utilisés pour favoriser les agriculteurs en transition agroécologique. Malheureusement, ce n'est pas le chemin que l'on a pris, et nous allons devoir nous interroger dans les prochaines années sur comment utiliser cette somme pour favoriser une transition et accélérer la transition.

Dans le débat, on oppose souvent les pratiques agroécologiques et le fait d'investir dans la technologie pour conserver des rendements importants. Est-ce que ce sont des voies nécessairement contradictoires ?

Non, pas forcément. Le numérique est un moyen d'optimiser les ressources – avec l'agriculture de précision, on pourra presque mettre l'engrais ou les pesticides au mètre carré près en fonction des attaques, de la sécheresse des sols, de la fertilité. Le problème que cela peut générer, c'est que cela déplace la dépendance des agriculteurs vers les acteurs du numérique. Les agriculteurs sont déjà très dépendants des semenciers, des entreprises de phytosanitaires, de la mécanisation agricole, etc. Tout un système technique et sur lequel ils n'ont plus aucune prise. Foncer dans la numérisation, c'est prendre le risque d'ajouter une nouvelle dépendance.

Le deuxième risque que je vois avec l'arrivée de la numérisation, c'est que certains grands acteurs sont en train d'investir dans ce qu'ils appellent l'alimentation sans agriculture. C'est-à-dire la possibilité d'une production industrielle de protéines ou de lipides à partir d'algues, de levure, de bactéries, qu'on fait fermenter dans des conteneurs – une production hors sol, qui a quand même besoin d'énergie, et dont le bilan énergétique n'est pas encore clair. Beaucoup de start-up cherchent à produire de la protéine afin d'éviter de poursuivre l'élevage ou travaillent sur des lipides produits à partir d'algues, qui seront des ingrédients qu'on va incorporer dans des produits transformés. Tous ces investissements sont colossaux – on peut penser aussi à la viande *in vitro* – et tout cela est construit sur un discours écologique, en disant que c'est cela l'alimentation de demain, en disant que cela va nous permettre de nous affranchir d'une agriculture qui a pollué et détruit la biodiversité. Veut-on aller vers un système comme celui-là, dans lequel on imagine continuer de maîtriser le vivant à ce point ? Cette proposition d'une alimentation sans agriculture est une vraie révolution civilisationnelle. Cela change notre rapport à la nature – qu'on imagine encore exploiter à notre profit, alors qu'on est plutôt dans l'idée qu'il faut apprendre à négocier avec elle.

Ce qui rend difficile le changement de modèle agricole, c'est aussi le conservatisme des institutions – y compris la FNSEA, le principal syndicat agricole. Quelles peuvent être les pistes pour modifier ce système pas seulement à la marge mais au cœur ?

La formation a un rôle formidable à jouer – le problème c'est qu'elle produit des effets dans quelques années, donc ce n'est pas forcément une réponse à très court terme. Il n'empêche qu'une réorientation de la formation, pour apprendre ce que veut dire l'agroécologie, comment on gère les agencements de plantes, comment on gère la relation plantes-animaux, etc., cela serait très utile. Ce n'est pas simplement apprendre des techniques, c'est aussi diffuser un état d'esprit différent, qui est peut-être moins conquérant, qui est peut-être moins « construire la puissance agricole » qu'il ne l'a été jusqu'à présent. Il faut aussi donner beaucoup de soutien à la recherche pour accompagner toutes les questions que pose la transition, parce qu'on arrive avec de nouvelles maladies, accélérées par le réchauffement climatique. C'est gentil de dire « on ne va pas utiliser de pesticides », mais parfois on n'a pas le choix ! Donc comment accompagner des agriculteurs qui se retrouvent en plein désarroi sachant que jusqu'ici la seule solution que leur ont proposée les industriels c'était un nouveau produit chimique. La recherche doit pouvoir tirer parti du savoir des agriculteurs parce que certains savent gérer ça, notamment par la diversification. On a également besoin que le crédit agricole soit adapté à de nouvelles formes d'installations, à de nouvelles formes d'agriculture. Cela veut dire qu'on a tout le système à changer. C'est facile à dire, compliqué à mettre en œuvre, et une fois de plus cela suppose qu'on ait une vraie volonté politique. Or, elle est aujourd'hui verrouillée par un certain nombre d'acteurs. Malheureusement, je crains que le changement se fasse dans la douleur plutôt que dans la douceur. Ce sont les crises qui vont rendre nécessaire de penser autrement l'avenir du système agricole et alimentaire.

Malgré tout, qu'est-ce qui vous donne de l'espoir ?

Je place de l'espoir dans l'émergence d'un nouvel acteur dans les politiques alimentaires : les villes. Elles se sont saisies de la question alimentaire et ont interrogé les leviers dont elles disposent, comme la gestion du foncier, l'urbanisme commercial – est-ce que j'installe des magasins en périphérie ou bien est-ce que je réinvestis les quartiers –, la gestion des déchets, la restauration scolaire ; en fait, elles s'aperçoivent qu'elles ont des leviers qui peuvent leur permettre de réinventer le système alimentaire. Certes leurs moyens sont limités, elles ont peu d'actions sur l'agriculture en tant que telle, parce que ce n'est pas dans leur pouvoir. Mais n'empêche : des dizaines de villes se mettent à faire des projets alimentaires territoriaux, et revendiquent une autre politique alimentaire et agricole.

La question personnelle

Depuis que vous travaillez sur ces questions, avez-vous changé votre rapport à l'alimentation ?

J'ai changé des choses, j'ai réduit ma consommation de viande. Je continue à manger de la viande, le week-end, quand j'invite des gens – c'est vrai que j'ai du mal à cuisiner systématiquement sans viande pour les invités ! Je continue d'en manger mais j'en mange beaucoup moins souvent, et je l'achète de meilleure qualité.

Ce que je retiens

Dans cette conversation avec Nicolas Bricas, il y a des choses que j'ai trouvées très enthousiasmantes et d'autres franchement déprimantes. La première qui me saute aux yeux, c'est que le monde agricole apparaît prisonnier d'un modèle dont il est très difficile de sortir. Nicolas Bricas le dit bien : c'est trop facile de jeter la pierre aux agriculteurs. C'est tout un système complexe qui va des subventions européennes aux syndicats agricoles en passant par les chambres d'agriculture, aux vendeurs de semences, de matériels agricoles, aux coopératives. Tout cela a été construit dans une seule direction : produire plus, voir grand, sans se préoccuper des conséquences environnementales. Ce qui nous laisse un paysage assez ravagé : des agriculteurs en détresse, pas assez de monde pour prendre la suite, des sols appauvris, et dans un monde qui se réchauffe. La manière positive de voir les choses, c'est qu'il est urgent de proposer un autre modèle et qu'il existe des pistes. Changer la formation dans les lycées agricoles, former les conseillers agricoles dans les coopératives, accompagner les exploitations pour passer à des pratiques agroécologiques, limiter très fortement l'usage des pesticides.

Des solutions, il y en a, même si pour l'instant il faut bien reconnaître qu'on ne les voit pas arriver massivement. C'est le deuxième point qui m'interroge dans cette conversation. Nicolas Bricas porte l'idée que le système de production agricole est tellement difficile à changer qu'il faut l'aborder par un autre angle : la question de l'alimentation. Évidemment, moi qui suis très gourmand, je trouve cette idée intéressante parce que c'est prendre le problème d'une manière plus transversale et que cela permet d'en faire une responsabilité collective. Une meilleure agriculture, une meilleure alimentation, c'est l'affaire de tout le monde. Mais comment faire pour arriver à porter sur ce sujet avec le monde agricole et non pas contre lui ? Comment faire pour embarquer les agriculteurs y compris ceux qui sont très loin de pratiques agroécologiques ? Si toutes les initiatives ont lieu en ville par des consommateurs, ça va changer la demande mais ça ne va pas forcément influer sur l'offre, ou en tout cas pas dans l'immédiat.

La troisième chose que je retiens, c'est cette idée de convention citoyenne de l'alimentation. Certes, depuis mon entretien sur la démocratie avec Hélène Landemore, j'ai l'air de défendre des conventions citoyennes et sur à peu près tous les sujets – mais il y a là une piste qui peut être gagnante sur tous les tableaux. Décider démocratiquement d'améliorer notre alimentation, cela peut nous amener à faire baisser nos émissions de gaz à effet de serre, améliorer la biodiversité, pousser le monde agricole à changer et aussi améliorer considérablement la santé publique. Ce programme me semble tout de même assez réjouissant. Je suis sûr qu'il y a un consensus assez large, et pas seulement parmi celles et ceux qui tiennent ce livre entre leurs mains, pour se dire que ce qu'on veut, c'est manger des produits de bonne qualité, bons pour la santé, accessibles, et qui préservent le vivant et la planète. C'est une assez bonne base de discussion, non ?

12.

Comment s'habiller sans détruire le climat et la biodiversité ?

avec Julia Faure

Diplômée en agronomie et en études de genre, Julia Faure est la cofondatrice de Loom, une marque de vêtements durables. Elle est depuis mai 2023 coprésidente du Mouvement Impact France et participe également au collectif d'entreprises En mode climat, un mouvement de professionnels du secteur qui veut réduire massivement les émissions de gaz à effet de serre de la mode.

Il y a un peu plus de quinze ans, quand la vente en ligne a commencé à se généraliser, je dois bien l'avouer, je suis devenu accro : j'ai acheté n'importe quoi. Comme j'ai toujours détesté aller dans les magasins, j'avais l'impression d'avoir trouvé un outil génial. J'ai acheté des couches pour bébé, des disques durs, des tablettes de chocolat et surtout, surtout, des habits. C'était disponible, pas cher et je n'avais même pas besoin de me déshabiller sous le regard d'un vigile un peu inquisiteur. Évidemment, j'ai reçu des paires de chaussures trop grandes, des jupes moches que ma femme n'a jamais portées et des bodys de bébé qui étaient déjà trop petits lorsqu'ils sont arrivés. Mais peu importe, me disais-je, tout était dans ma boîte aux lettres (parfois dans celle du voisin) et je me disais que ce n'était pas cher, que c'était pratique et assez rigolo. Et puis, à chaque déménagement, je faisais des caisses d'habits et de chaussures, des trucs trop grands ou jamais portés, je les mettais dans la cave de mon frère (merci à lui, ils y sont encore), parfois je les donnais à Emmaüs. Je trouvais cela un peu dommage mais pas très embêtant.

Depuis, j'ai compris une chose importante. L'industrie textile, c'est autant d'émissions de gaz à effet de serre que le transport aérien, entre 2 et 4 % de nos émissions globales. Ça n'a l'air de rien mais en fait, c'est colossal. D'autant qu'elle est responsable d'autres dégâts pour l'environnement et la biodiversité.

Il y a désormais plus de cent milliards de vêtements vendus chaque année dans le monde. En France, on estime que cela équivaut à dix kilos de vêtements par habitant et par an. Pourquoi l'industrie du textile pollue-t-elle autant ? Pourquoi est-ce si difficile de changer ses pratiques ? Et surtout, comment faire pour en sortir ?

Qu'est-ce qui émet des gaz à effet de serre dans l'industrie textile ? D'où vient le problème ?

Dans la mode, individuellement, chaque vêtement pollue relativement peu, parce qu'il faut relativement peu d'énergie pour produire un tee-shirt, relativement peu de pesticides pour cultiver les 200 grammes de coton qui permettront de fabriquer ce tee-shirt et relativement peu de produits chimiques pour le teindre. Ça n'a rien à voir, par exemple, avec ce qu'il faut pour produire un iPhone. Le vrai problème de la mode réside dans les quantités : on produit énormément de vêtements. Pour vous donner une idée, rien qu'en France 3,3 milliards de vêtements ont été mis sur le marché en 2022. C'est plus que les ventes de boîtes de six œufs. Actuellement, dans notre monde, on consomme les vêtements comme si c'était des œufs. On les casse, on fait une omelette et ensuite on en rachète.

Cela nous renvoie à la fast fashion, *aux marques qui produisent massivement dans des pays à bas coût, mais, dans ce processus, qu'est-ce qui pollue ? La manière de produire ? L'énergie utilisée ? Le transport ?*

Dans l'impact carbone du textile, la part du transport est assez faible, environ 2 %, pour la même raison que le poids carbone individuel d'un vêtement est assez faible. Un tee-shirt, c'est très léger, ça prend très peu de place, le transport par conteneur est très optimisé. On pourrait penser que ce sont les matières premières qui émettent beaucoup de gaz à effet de serre : le coton, le polyester. Mais, finalement, ça ne représente pas plus de 30 % du poids carbone d'un vêtement.

Ce qui émet beaucoup de gaz à effet de serre, c'est la phase industrielle. C'est toute l'énergie que consomment les machines pour transformer une matière première en vêtement, pour passer du champ de coton au tee-shirt. La récolte du coton, c'est de la culture intensive avec de gros tracteurs, des engrais qui viennent du pétrole, etc. La transformation en fil demande d'énormes machines, d'énormes usines. Ensuite, on va le tricoter ou le tisser, puis le teindre et, enfin seulement, on va le confectionner, assembler les différentes parties pour en faire un vêtement. Toutes ces étapes industrielles consomment énormément d'énergie, majoritairement fossile, qui émet beaucoup de gaz à effet de serre.

En me rendant au Bangladesh, j'ai vu des usines de 10 000 ouvrières. Vous imaginez ? C'est comme si c'était une ville entière qui produisait des vêtements, sur des lignes avec des machines à coudre. J'ai vraiment pris conscience, là-bas, de ce que c'était que surproduire. Pour chaque modèle produit, une usine peut sortir en quelques mois des millions de pièces.

Pourquoi produit-on tant si on n'a pas besoin d'autant de vêtements ?

C'est un comportement assez récent de considérer nos vêtements comme jetables : depuis les années 1980, nous avons doublé le nombre de vêtements que nous achetons. Comment l'industrie textile a-t-elle réussi à modifier notre comportement ? D'abord, elle a réussi à faire baisser drastiquement le prix des vêtements, avec une solution simple : les délocalisations. Aujourd'hui, la plupart des vêtements qu'on achète dans les chaînes de *fast fashion* sont produits en Asie, où les salaires sont ridicules. Au Bangladesh, le salaire minimal, c'est 20 % du salaire vital – ce que les ONG définissent comme nécessaire pour vivre à peu près dignement. Le bas prix du textile, c'est une conséquence directe de l'exploitation des gens à l'autre bout du monde, de la délocalisation de la production dans des pays où la loi protège mal les personnes qui fabriquent les vêtements.

Mais ça, ce n'est pas suffisant pour faire doubler notre consommation. L'autre manière de nous faire acheter plus que ce dont nous avons besoin, c'est en nous donnant envie d'acheter sans cesse de nouvelles choses. Et ça, l'industrie de la mode en est spécialiste. Vous achetez beaucoup parce que vous avez l'impression qu'il y a des nouvelles tendances et parce qu'on renouvelle les collections, parce qu'il y a une édition limitée, parce qu'il y a des promotions et que vous vous dites que c'est une bonne affaire. Et vous achetez aussi beaucoup parce qu'on vous propose tellement de modèles que c'est impossible qu'il n'y en ait pas un qui vous plaise.

Quand on est dans une boutique comme H&M, on se retrouve dans la situation d'un enfant dans un magasin de jouets...

Oui, tout nous fait envie. Vous prenez l'exemple de H&M, c'est déjà beaucoup de références, avec 10 000 pièces disponibles sur son site Internet. Mais, avec les nouveaux acteurs comme Asos ou, plus récemment, Shein, ça prend des proportions démentielles. Asos, c'est plus de 100 000 références disponibles sur Internet, et Shein, c'est carrément 500 000. Il va y avoir au moins 1 000 modèles qui vont me faire envie ! Cette industrie se dédie entièrement à nous faire désirer des choses dont on n'a pas besoin. On achète trop de vêtements, parce qu'ils ne sont pas chers. Et on achète trop de vêtements, parce que les marques sont sans cesse en train d'attiser notre désir.

Nous ne sommes pas idiots, nous sommes nous-mêmes acteurs et actrices de cette surconsommation.

Il ne faut pas sous-estimer la puissance du neuromarketing de l'industrie de la mode. Beaucoup de techniques pour nous faire acheter reposent sur des biais cognitifs. Par exemple, les prix qui terminent en « virgule 99 » ou la surexposition à des publicités pour provoquer un comportement d'achat qui soit plus de l'ordre du réflexe que de la réflexion.

Que deviennent ces dizaines de vêtements qu'on achète et qu'on ne met jamais ? Est-ce si grave s'ils restent dans notre penderie ?

Dans les faits, vous ne les laissez pas dans votre penderie. Souvent, vous les donnez, dans une borne, ou vous les rapportez dans un magasin qui dispose d'un programme spécial. Cette industrie nous encourage beaucoup à donner. Tout le monde a l'impression de faire une bonne action. Le problème c'est que sur le milliard de vêtements récoltés chaque année dans les bornes textiles en France, il y en a seulement 5 % qui sont réemployés, qui se retrouvent dans les magasins de seconde main ou qui sont donnés aux personnes dans le besoin.

La moitié de ce qui est collecté est envoyé à l'étranger et finit dans des pays d'Afrique. Théoriquement, pour que leurs habitants puissent s'habiller avec notre seconde main. Le problème, c'est que les quantités qu'on envoie sont si démentielles qu'au lieu de jeter nos vêtements dans des décharges en France, ils finissent dans des décharges là-bas. Et, comme ils n'ont pas les infrastructures ni l'argent, en fait, ces déchets textiles terminent globalement dans la nature et polluent finalement ces pays.

Le Ghana reçoit chaque semaine 15 millions de vêtements, pour une population de 30 millions de personnes. On voit bien que si, chaque semaine, ils reçoivent de quoi rhabiller la moitié de leur population, ils sont débordés. C'est comme si vous sortiez les poubelles tous les jours et que les éboueurs ne passaient jamais. La France envoie, chaque semaine, 10 millions de vêtements à l'étranger ; finalement, au moins 40 % d'entre eux vont directement polluer la nature de pays moins bien équipés que nous pour gérer leurs déchets.

Depuis quelques années, un certain nombre de marques prennent des engagements contre le textile jetable ou en faveur du recyclage. Est-ce un premier pas ou est-ce du « greenwashing » pour se donner bonne conscience ?

Ce qui est collecté dans les bornes de recyclage, chez H&M par exemple, est aussi envoyé en Afrique, c'est juste que vous mettez les vêtements à la poubelle chez H&M au lieu de les jeter à la poubelle chez vous. Et, en échange, chez H&M, vous obtenez un bon d'achat, donc une nouvelle incitation à consommer. C'est du *greenwashing*. Cette technique est une manière d'apaiser notre écoanxiété, pour nous inciter à acheter toujours plus. La conscience que notre consommation a un impact et notre tendance à vouloir moins consommer sont la terreur des marques. Donc le message envoyé, c'est que nous pouvons continuer à acheter, que c'est même bon pour la planète. Ce *greenwashing* a d'abord vocation à nous inciter à consommer, à ne pas freiner le modèle.

La mauvaise qualité de ces vêtements à bas coût n'incite-t-elle pas à les racheter souvent ?

Quand j'ai créé ma marque, j'étais persuadée que les vêtements de *fast fashion* n'étaient pas de bonne qualité et que c'était pour ça qu'on en consommait trop. Pour ma marque, je fais des prototypes, je fais des tests de résistance en laboratoire, et je teste aussi ce qui existe sur le marché pour voir si c'est mieux ou si c'est moins bien. J'ai été extrêmement surprise de voir que, finalement, la résistance des vêtements de la *fast fashion* n'est pas du tout catastrophique. D'ailleurs, tout le monde en fait un peu le constat. On a tous dans notre armoire des tee-shirts H&M qui ont vingt ans, des pantalons Zara qui ont tenu dix ans et des vêtements qu'on a payés plus cher, des marques nationales, qui ont craqué bien avant.

Pour moi, ça a été une révolution de comprendre que notre surconsommation de vêtements n'est pas liée, ou alors à la marge, à la dégradation de la qualité. La *fast fashion* utilise beaucoup de polyester, une fibre plastique. C'est beaucoup plus résistant que le coton, qui est une fibre naturelle. Si vous achetez un tee-shirt en polyester, il va être beaucoup plus résistant qu'un tee-shirt en coton. Après, il y a d'autres problèmes, on transpire plus rapidement, c'est moins agréable au contact. Mais, si on parle de qualité dans le sens de la résistance des vêtements, elle ne s'est probablement pas dégradée avec la *fast fashion*. Si on se débarrasse des vêtements, c'est soit parce qu'on ne les met plus, soit parce qu'on ne les aime plus, soit parce qu'on a la flemme de les réparer, soit parce que c'est plus cher de les réparer que d'en acheter des neufs.

Il y aussi la question des matériaux : n'y a-t-il pas autre chose que le coton ou le polyester pour produire des vêtements à la fois de qualité et durables ?

On attend toujours une espèce de solution miracle, un truc à base d'algues ou de déchets de pamplemousse ou de marc de café réaggloméré qui permettrait de continuer à consommer autant grâce à une merveille technologique. Dans le textile, cela n'arrive pas. Il y a des matières qui sont bien. Le lin, par exemple, c'est produit localement, c'est génial, mais si on devait maintenir la production textile actuelle et faire tout en lin, il faudrait recouvrir 7 % des terres arables de France.

Il n'y a pas de matière miracle, la solution ne viendra pas de la matière. En fait, c'est normal de polluer. Produire, c'est polluer. Il faut accepter que notre existence sur Terre ait un impact. Ce qui n'est pas normal, c'est le gâchis qu'on fait. C'est de polluer pour faire des vêtements qu'on va porter deux fois et qu'on va jeter. Il faut respecter ce qui est issu de l'industrie et des chaînes de production, en acceptant que produire un tee-shirt, ça pollue. Et, pour rendre hommage aux ressources qui ont été consommées, le faire durer le plus longtemps possible.

C'est aussi une question de normes sociales : on voit peu de gens avec des habits rapiécés, on ne va pas tous les jours au travail habillé de la même manière...

Oui, tout à fait. Et c'est une norme qui a beaucoup évolué. Le fait de raccommoder les vêtements, de les rapiécer, de les faire durer, c'était autrefois un métier extrêmement central dans la vie de tout le monde. Mais ces métiers et ces habitudes disparaissent quand le prix du neuf devient moins important que le prix de la réparation. Pourtant, ça ne coûte pas si cher de faire réparer ses vêtements. Nous essayons d'encourager nos clients et nos clientes à le faire. Ce qui coûte cher, c'est de changer une fermeture éclair. Ça peut coûter 15 euros. Mais faire un ourlet, c'est 10 euros, faire réparer un petit trou, ça peut coûter 2 euros. C'est vrai que la concurrence de la *fast fashion*, très peu chère, est terrible. Surtout, nos générations ont perdu cette habitude d'aller faire réparer, ajuster, entretenir. Et nous avons perdu ce savoir-faire, comment entretenir un pull, par exemple. Avant, on vendait des pulls en laine qui ne passaient pas à la machine. Maintenant, on a trouvé une autre laine qui permet le lavage en machine.

Vous donnez des conseils d'entretien à vos clients : ne pas laver trop souvent les habits, laver à 30 °C ou à froid, etc. ?

Nous testons toutes ces techniques, donc nous savons que ça fait durer plus longtemps les vêtements. On a testé différentes techniques pour blanchir un tee-shirt qui aurait jauni aux aisselles avec du carbonate de soude. On sait que c'est facile d'enlever les bouloches d'un pull, de resserrer les manches d'un pull en laine, etc.

Au-delà de la mode, il y a aussi des évolutions technologiques, des gains de confort. Les vêtements de sport sont bien meilleurs aujourd'hui qu'il y a trente ans. Les vêtements pour femmes offrent plus de possibilités qu'à l'époque des corsets…

C'est ce qu'on appelle le confort marginal. Pour aller courir, vous avez juste besoin de quelque chose qui soit un peu aéré, qui sèche vite. N'importe quel marcel ou tee-shirt en synthétique de votre armoire fait très bien l'affaire. À part si vous vous entraînez pour les Jeux olympiques, même si vous courez sept fois par semaine, vous n'avez pas besoin de quelque chose de plus technique. Pourtant, on observe que, dans tout le textile technique, les gens sont suréquipés. En montagne, pour aller randonner, on voit des amateurs avec des vestes tellement techniques qu'elles peuvent résister à des torrents d'eau. C'est démentiel. Il ne faut pas oublier que toute cette qualité supplémentaire, en fait, ce sont des ressources supplémentaires.

Donc avoir des vêtements trop performants par rapport à l'usage qu'on en fait, c'est aussi du gaspillage. C'est du gâchis, à la fois de matériaux et d'énergie.

Comment les entreprises peuvent-elles sortir de cette logique de la fast fashion ? Chez Loom, vous vous êtes posé beaucoup de questions, sur l'utilisation du coton, par exemple...

Sur le coton, nous étions mal informés au départ : nous pensions vraiment que le coton conventionnel, c'était quand même mieux et plus résistant que le coton bio. Il y a beaucoup de mésinformations autour du coton et du coton bio. Sur Internet, on lit que le coton bio utilise plus d'eau, est moins résistant. Quand on a creusé le sujet, on s'est rendu compte que c'était faux et que le coton conventionnel, c'était une catastrophe écologique. Ça utilise non seulement beaucoup de pesticides, mais, surtout, une catégorie de pesticides qu'on appelle les néonicotinoïdes, qui sont particulièrement délétères pour les insectes. On s'est rendu compte qu'on arrivait à trouver du coton bio de bonne qualité et que ça augmentait le prix de nos vêtements, mais à la marge.

Donc vous avez eu une démarche progressive pour essayer de produire dans les moins mauvaises conditions possible...

Oui, c'est ça. Finalement, qu'est-ce qui nous différencie, en matière de production ? C'est qu'on utilise du coton bio. On produit au Portugal et en France, et pas en Asie. Et on met tous nos efforts pour faire des vêtements qui durent dans le temps, qui sont solides. Ce qui est un vrai engagement pour nous, c'est la décision de ne jamais inciter les gens à consommer des choses dont ils n'ont pas besoin. Nous, on ne fait pas de prix qui finissent en « virgule 99 », pas de soldes, pas de promos, pas de collections, pas de « deux achetés, un offert »... on a renoncé à toutes ces techniques commerciales.

Comment peut-on changer le monde de la mode sans faire de pub, sans faire la promotion de vos vêtements sur ce critère éthique, face à la fast fashion *?*

J'avais cette conviction quand on a commencé : on allait faire grossir notre entreprise et, un jour, les entreprises éthiques remplaceraient les entreprises les plus destructrices. Cinq ans plus tard, notre entreprise est rentable, elle marche hyper bien, et de nombreuses marques du secteur textile comme la nôtre sont vraiment des succès purement économiques : Veja, Patagonia, etc. Mais le succès de ces marques n'a pas du tout fait baisser l'impact écologique de la mode. Au contraire, chaque année, on produit plus, chaque année, on émet plus de gaz à effet de serre, on pollue plus les rivières.

La croissance et le succès des marques éthiques ne se sont jamais faits aux dépens des marques de la *fast fashion*. Pendant que nos business se développaient, la *fast fashion* et l'ultra *fast fashion* se sont développées encore plus vite. Shein, une marque d'ultra *fast fashion* sortie de nulle part, fait aujourd'hui plus de 10 milliards de dollars [9,7 milliards d'euros] de chiffre d'affaires annuel. Patagonia, qui est la plus grosse des marques éthiques, un succès incroyable, fait 1 milliard de dollars. Dix fois moins. Ça ne marche pas, ce modèle qui nous fait croire que c'est par le consommateur qu'on va finalement réorienter les *business models* et que la *fast fashion* va disparaître au profit des petites marques.

Si les individus ne peuvent pas avoir ce poids-là, qu'est-ce qui peut l'avoir ? Les politiques publiques, des systèmes d'interdiction ? Que faudrait-il réglementer ?

Une première mesure serait simplement de demander l'application des réglementations existantes. Je vais vous donner quelques exemples. Quand on est une marque et quand on vend des vêtements en France, on est obligé de payer l'écotaxe. Cette écocontribution, comme pour l'électroménager, ce sont ces quelques centimes qui servent à financer la fin de vie des produits. Or, il y a plein de marques en France qui fraudent l'écocontribution sans qu'il ne leur arrive rien.

Il y a une autre réglementation à respecter pour vendre et distribuer des produits en Europe : la réglementation REACH, qui définit le pourcentage maximal de produits chimiques toxiques dans les vêtements au-delà duquel cela risque d'être dangereux pour les gens et pour l'environnement. Les industriels français respectent cette réglementation, ils sont contrôlés à leur sortie d'usine. En revanche, un documentaire a montré récemment que des produits de la marque Shein affichaient un taux de plomb trois fois supérieur à la norme REACH ! Pourtant, il n'y a eu aucune sanction envers cette marque.

Donc, appliquer les réglementations existantes permettrait déjà de rétablir une sorte de justice. Mais ce n'est pas suffisant. Si on reprend le problème à la racine, ce qui fait la surconsommation, ce sont les prix dérisoires et les incitations à consommer, donc c'est sur ces deux axes-là qu'il faut agir. Par exemple, si on appliquait l'obligation de produire dans des pays où le salaire minimal est au moins égal au salaire vital, ce serait déjà incroyable. Mais, sans aller aussi loin, on pourrait appliquer le devoir de vigilance, qui rend les marques responsables des catastrophes qui peuvent survenir chez leurs sous-traitants. Les marques y réfléchiraient à deux fois avant d'aller produire dans des pays qui sont moins-disants sur les conditions de travail de leurs salariés.

Une autre manière extrêmement simple de pénaliser ces prix dérisoires de la *fast fashion* serait d'introduire un indice de réparabilité. Si le prix de la réparation atteint plus de 50 % du prix du produit neuf, ce produit neuf doit être pénalisé. Ce n'est pas possible que ça soit moins cher de racheter neuf que de réparer.

Et on pourrait aussi dire, par exemple, que si vous avez plus de 10 000 références en ligne, ou même plus de 1 000, vous essayez d'inciter les gens à consommer, et on vous pénalise. Donc il y a tout un panel de mesures prêtes. Mais encore faut-il avoir le courage politique et la volonté de les faire appliquer. Ce qui est sûr, c'est que, sans réglementation, ça ira de mal en pis. Sans réglementation, plus les marques seront destructrices, plus elles feront de l'ultra *fast fashion* sans complexes, plus elles auront un succès commercial.

Individuellement, que peut-on faire ? Juste s'habiller avec ce qu'on a dans sa penderie et ne plus rien acheter ?

On aurait envie qu'il y ait une solution révolutionnaire. Mais la solution, comme pour beaucoup de choses, c'est la sobriété. C'est faire avec ce qu'on a, faire durer ses vêtements, les réparer, en prendre soin. Je comprends qu'on ait parfois besoin de neuf, mais la première chose à faire, c'est de consommer beaucoup moins. La deuxième chose, s'il faut acheter du neuf, c'est de choisir des vêtements produits dans des pays corrects, des pays où on accepterait d'envoyer nos enfants en colonie de vacances. Par exemple, je pense qu'il faut éviter d'acheter des produits faits en Chine ou au Bangladesh. Et le troisième critère, c'est le coton bio. On ne peut plus acheter de coton conventionnel, c'est une catastrophe.

Qu'est-ce qui vous fait penser que les choses peuvent évoluer dans la bonne direction ?

Il y a des choses qui me donnent de l'espoir : on est maintenant plus de cinq cents marques et usines françaises rassemblées dans un collectif qui s'appelle En mode climat. Il y a une énergie assez folle de la part d'entrepreneurs, de chefs d'entreprise, pour participer à ce collectif et demander des réglementations. On a tellement conscience de l'urgence climatique qu'on préfère des réglementations qui s'appliquent à tout le monde, à nous y compris, plutôt que d'aller droit dans le mur.

La question personnelle

Croyez-vous aux gestes individuels pour le climat ?

Je pense que c'est important. Je m'en rends compte parce que les gens qui continuent dans mon entourage à faire comme si les ressources étaient illimitées, qui ont un comportement de gaspillage ou de surconsommation, m'irritent ! Mais je ne sais pas si ces gestes font le changement au niveau général. Je crois qu'il nous faut des règles pour nous forcer collectivement à y aller. Mais ce serait très bizarre de demander ces règles tout en disant : « Tant qu'elles ne s'appliquent pas je vais profiter le plus possible » ; c'est exactement l'attitude que je reproche aux entreprises comme H&M et Shein.

Ce que je retiens

Le message principal que j'ai retenu de cette conversation avec Julia Faure, c'est que le plus efficace, si on veut agir… est de ne rien faire ! Acheter le moins de vêtements possible, point à la ligne. Voilà. On peut porter ce que l'on a en stock, on peut acheter des vêtements de seconde main, mais surtout ce qu'elle dit, c'est qu'il ne faut pas céder aux sirènes des grandes marques du textile. Je retiens aussi un chiffre : 3,3 milliards d'habits sur le marché en 2022 en France ! C'est fou, parce que le problème au cœur de tous les problèmes, c'est la surproduction et la surconsommation. Je ne me rendais pas compte à quel point c'était énorme. J'ai vérifié les chiffres qu'elle donne et elle a raison, on achète plus d'habits que de boîtes de six œufs.

Je trouve aussi intéressantes ses remarques sur la communication et le marketing. Malgré tous les engagements des pubs, si les étiquettes vous disent « made in China » ou « made in Bangladesh », il vaut mieux passer son chemin. Une autre chose m'a un peu déprimé, c'est ce qu'elle dit sur le don de vêtements : la moitié de ce que l'on met dans les boîtes de vêtements dans la rue est exporté et revendu dans des pays qui n'en ont pas besoin et qui vont ensuite polluer les rivières. Dans le genre décevant, ce n'est pas mal. On a l'impression de faire une bonne action et elle se retourne contre nous. En fait, c'est toujours ce piège, surproduction, surconsommation, comme si on était coincés dans cette boucle.

L'autre point que je retiens, c'est le débat sur les marques éthiques. C'est bien qu'elles existent et qu'elles puissent peser dans la filière, mais elles ne vont pas renverser la table. Ça ne suffit pas. C'est un combat trop inégal. Ce qui veut dire que cette industrie ne dépend pas uniquement de nos actions individuelles. Du fait d'acheter ou de ne pas acheter. Ce qu'il faut, ce sont des politiques publiques pour forcer l'industrie textile à arrêter de produire dans des pays où il n'y a quasiment pas de règles sociales, pas de réglementation environnementale. Il faut aussi limiter les incitations à consommer rapidement, à consommer massivement des habits dont on n'a pas besoin. D'ailleurs, c'est un sujet dont assez peu de responsables politiques se sont emparés, ce qui est regrettable.

Dans un autre registre, cette discussion m'a aussi fait penser à ma sœur. Elle est un peu plus jeune que moi et anime à Lyon un lieu dédié au textile où elle voit défiler des gens qui veulent faire réparer des habits. Quand je lui ai dit que je trouvais ça étonnant, elle m'a répondu que c'est parce que j'étais vieux et que je ne comprenais rien (merci beaucoup) mais aussi parce que de plus en plus de gens veulent réparer leurs vêtements mais n'ont jamais appris à le faire eux-mêmes. Moi-même qui viens d'une famille de patchwork et de couture, j'avoue que je ne sais rien faire de mes dix doigts. Je me demande comment faire pour que tout le monde apprenne un peu, pour que réparer devienne plus amusant, plus intéressant que d'acheter du neuf – et sans que ce boulot retombe encore et toujours sur les femmes. J'ai l'impression que ce qui me manque pour y arriver, c'est du temps. Du temps pour apprendre, du temps pour créer, pour y réfléchir, du temps pour raccommoder, pour bricoler, comme le temps qui me manque à moi-même pour préparer des falafels de pois chiche. Si je suis honnête, je dois avouer que si je passais un peu moins de temps sur un site de vente privée à surconsommer des vêtements dont je n'ai pas besoin, j'aurais peut-être plus de temps pour apprendre à faire tout ça.

IV.
Refaire société

13.

Faut-il faire moins d'enfants pour sauver la planète ?

avec Emmanuel Pont

Auteur du livre *Faut-il arrêter de faire des enfants pour sauver la planète ?* (Payot, 2022), Emmanuel Pont s'intéresse de longue date à l'écologie, aux sciences et au climat. Après des études d'ingénieur à CentraleSupélec et un master de marketing et communication à Sciences Po, il a été consultant et dirigeant de start-up.

J'ai deux enfants, une fille et un garçon, et je les adore. Bien sûr, comme beaucoup de parents, je me plains du manque de sommeil, des horaires de l'école et de la crèche et de l'impossibilité de jouer à Mario Kart tranquille. Mais au fond je n'ai aucun doute sur le fait que c'est la meilleure chose qui me soit arrivée dans la vie. Évidemment, quand je dis ça, on me répond souvent : « Tous les parents disent ça, ils sont obligés mais ils n'en pensent pas un mot. » Ce n'est pas si simple. L'été dernier, quand j'essayais d'empêcher mon fils de manger du sable sur une plage normande, j'ai lu avec beaucoup d'intérêt les centaines d'e-mails des auditrices et des auditeurs de *Chaleur humaine*, et là, un sujet revenait massivement dans les messages : « Est-ce que faire des enfants c'est mauvais pour la planète ? »

Je dois reconnaître que, pendant longtemps, je n'ai pas pris ce sujet très au sérieux. Et puis un soir de mai dernier, à la terrasse d'un restaurant argentin, une discussion sur le sujet a mal tourné avec un de mes amis les plus proches. Mon copain Nico – qui n'a pas d'enfant – m'a dit qu'il trouvait égoïste de faire des bébés dans le monde tel qu'il est aujourd'hui, et tel qu'il va devenir. « N'importe quoi ! » me suis-je emporté, moi qui suis pourtant un garçon calme. Néanmoins, il avait de bons arguments : on va être trop nombreux sur cette planète ; ajouter un enfant, c'est ajouter du CO2 ; et qui peut rêver d'avoir un enfant dans un monde pareil ?

Je dois dire que les questions qu'il m'a posées ce soir-là me sont restées dans un coin de la tête : sera-t-on bientôt vraiment trop nombreux par rapport à ce que la planète peut supporter ? Un enfant qui naît, est-ce forcément du CO_2 en plus ? Et puis comment vont vivre nos enfants dans un monde qui se réchauffe ?

Nous sommes désormais 8 milliards d'habitants sur cette planète, et on sait qu'à l'horizon 2050 nous serons 10 milliards. Cette trajectoire est-elle soutenable ?

Évidemment, c'est une trajectoire qui peut inquiéter. Quand on regarde l'évolution de la population humaine, elle a à peu près été multipliée par cinq en cent ans. Ça fait beaucoup. On était moins de 2 milliards en 1900. On a l'impression que ça va crever le plafond et que ça ne s'arrêtera jamais.

En pratique, ce qui se passe, c'est que la natalité et les taux de croissance de la population baissent partout dans le monde. Les projections des Nations unies, qui ne sont pas des boules de cristal mais qui donnent une bonne idée des tendances, sont régulièrement révisées à la baisse. Aujourd'hui, les démographes de l'ONU estiment que la population humaine va se stabiliser, entre 2050 et 2100, autour de 10,5 milliards d'habitants.

Ça va donc continuer à augmenter, principalement en Afrique : le reste des continents a aujourd'hui une natalité nettement plus faible. En Europe, on a une crise de la natalité, qui est un peu plus faible que les 2,1 enfants par femme nécessaires pour avoir une population stable. Mais cette croissance va s'arrêter.

Dans votre livre, vous démontez l'idée d'une « bombe » démographique. Cette peur, ce fantasme d'être trop nombreux sur la planète, serait infondée ?

La question est : trop nombreux pour quoi ? Si on compare les pays dans lesquels cette croissance démographique est forte, qui sont globalement des pays pauvres, avec les pays riches, on se rend compte que, notamment sur les aspects climatiques, la pollution se concentre très largement dans les pays riches.

Si on prend les pays à forte natalité, ceux qui ont plus de trois enfants par femme, aujourd'hui, c'est 20 % de la population mondiale, mais seulement 3 % des émissions de CO_2, qui n'augmentent pas tant que ça. Donc, savoir si on est trop nombreux, c'est très théorique. En pratique, notre monde connaît tellement d'inégalités que ce n'est pas là que se pose la question aujourd'hui.

Cela dit, si on regarde les grandes masses, entre 1990 et 2014, les émissions de gaz à effet de serre ont augmenté de près de 60 % globalement, mais seulement de 15 % par habitant. Si on fait un calcul rapide, on peut se dire que l'augmentation de la population entraîne une augmentation des émissions de CO_2. *Est-ce systématiquement juste ?*

Ce calcul est arithmétiquement juste, mais il n'a en fait aucun sens : on mélange dans un même chiffre, dans une même moyenne, une augmentation de la population dans des pays qui sont pauvres et à faibles émissions et une augmentation des émissions dans des pays plus riches qui ont une population plutôt stable. On rassemble tout dans cette moyenne des émissions de l'ensemble de la population humaine, mais c'est une construction très théorique qui regroupe des situations extrêmement différentes, en particulier sur le plan écologique.

D'un autre côté, si le niveau de vie s'améliore dans les pays du Sud, ce qu'on peut souhaiter, la population va émettre plus de gaz à effet de serre en se rapprochant de notre mode de vie. Ne risque-t-on pas de se retrouver in fine *avec moins d'habitants mais plus de gaz à effet de serre émis dans l'atmosphère ?*

C'est possible. Il y a deux réponses à ça. D'une part, aujourd'hui, ce rattrapage des pays pauvres est extrêmement long. Si on prend les échelles de temps qui nous intéressent, par exemple atteindre la neutralité carbone en 2050, on se rend compte que les pays pauvres seront très, très loin d'avoir rattrapé les riches. C'est d'ailleurs l'une des raisons de leur forte natalité. C'est-à-dire que si la natalité ne baisse pas assez vite, ou moins vite que ce qu'on aurait pensé, en Afrique, c'est notamment à cause de la lenteur du développement, due à toutes sortes de raisons.

Il y a là un aspect philosophique aussi : un Français aurait-il droit à plus d'émissions de CO_2 qu'un Chinois, un Indien, un Africain ? Il n'y a aucune raison à cela. À partir du moment où on pense que chaque personne a droit à un niveau de vie et à des émissions associées équivalentes, on ne voit pas pourquoi des gens dans les pays riches, qui globalement sont les plus pollueurs, devraient vouloir contrôler les émissions des autres. Au contraire, quand on observe la responsabilité des émissions actuelles, on se rend compte qu'elle revient très largement aux pays riches et extrêmement peu aux pays pauvres.

On entend souvent que le problème c'est la natalité dans les pays africains. Le livre Drawdown. Comment inverser le cours du réchauffement planétaire, *de Paul Hawken (Actes Sud, 2018), listait comme première solution d'avoir un planning familial beaucoup plus fort en Afrique pour limiter le nombre d'enfants par femme…*

Le calcul de *Drawdown* estime, sur l'ensemble de la population mondiale, ce qui se passerait si le taux de fécondité baissait d'un demi-enfant par femme. Un demi-enfant par femme, c'est effectivement l'ordre de grandeur de ce qui pourrait se passer si on avait un gros programme d'éducation ou de planning familial dans un pays à forte natalité. Mais il se trouve que ce 0,5 est appliqué à l'ensemble de l'humanité, y compris à des pays où la situation démographique n'a absolument rien à voir.

En France, on est aujourd'hui à 1,8 ou 1,9 enfant par femme. Ce n'est pas avec un programme d'éducation ou de planning familial qu'on réduirait la natalité à 1,3. Et d'ailleurs, personne ne le souhaite. Au contraire, dans les pays riches, globalement, les parents ont moins d'enfants que ce qu'ils voudraient, pour des raisons principalement d'ordre socio-économique (manque de stabilité, de perspectives, coût de la vie, coût de l'immobilier, etc.).

Si on suit ce raisonnement, on comprend bien que dire aux pays du Sud de faire moins d'enfants est une logique à la fois coloniale et probablement peu efficace, mais, en revanche, n'est-ce pas notre responsabilité à nous de mettre au monde moins d'enfants ?

Il y a beaucoup de débats sur cette question. Notamment parce qu'il n'y a pas d'« enfant moyen ». Si vous avez un enfant, pendant vingt ans c'est vous, en tant que parent, qui allez être responsable de son mode de vie. Et c'est vous qui allez être responsable, plus largement, de la société dans laquelle il va vivre. Un chiffre a beaucoup circulé, estimant à 60 tonnes d'équivalent CO_2 par an et par enfant le « coût climatique » d'une naissance. Ce chiffre est gigantesque, c'est six fois les émissions moyennes annuelles d'un Français.

Comment est-ce qu'avoir un enfant, un seul enfant, peut atteindre six fois des émissions moyennes ? On se rend compte que c'est un calcul des émissions à très long terme, dans le cas où les émissions moyennes par personne ne baisseraient pas. C'est complètement fantaisiste. Ce problème renvoie à celui de la consommation. Quand vous avez un enfant, est-ce que c'est d'abord un consommateur de couches, de jouets, etc. ? L'enfant est un être humain, c'est un sujet.

Cette idée qu'il suffirait d'avoir une personne en moins ou d'avoir moins de personnes pour que ce soit plus facile ne répond pas à toutes les questions qui fâchent. Pourquoi les pays ne respectent-ils pas leurs engagements ? Pourquoi aujourd'hui la pollution des riches provoque-t-elle des conséquences principalement chez les pauvres ? Pourquoi a-t-on une culture qui nous pousse à consommer toujours plus ?

Imaginons qu'on soit deux fois moins nombreux sur Terre, qu'une pandémie réduise la population de moitié, par exemple. C'est évidemment insupportable d'un point de vue éthique, mais est-ce que, du point de vue de l'efficacité de la lutte contre le changement climatique, la vie de celles et ceux qui restent ne serait pas plus simple ?

Ce serait probablement un peu plus simple, mais encore une fois, ça ne répondrait pas à tous les problèmes. Si on est deux fois moins nombreux, fermera-t-on la moitié des puits de pétrole ? Ou, au contraire, pourra-t-on tous aller à Ibiza le week-end parce que ce sera moins cher ? Utilisera-t-on moins d'espace ou, au contraire, aura-t-on un monde moins dense, et donc moins efficace ?

Faire des enfants ou pas, c'est évidemment un choix et une liberté individuels, mais d'un point de vue collectif, la question se pose. Quand bien même on voudrait réduire la natalité de 0,5 enfant par femme, quel type de politique coercitive ou autoritaire faudrait-il mettre en œuvre ? Ça ne dessine pas un avenir radieux…

Non, bien sûr. On a tendance à avoir des réflexions, là encore, sur la population humaine dans sa globalité. Un peu comme si on était dans un jeu vidéo et qu'on pouvait tourner des curseurs pour baisser la natalité. En pratique, on est chaque fois rattrapé par la politique, et on se rend compte que les politiques démographiques sont souvent des mesures coercitives qui s'appliquent sur les minorités, les femmes, des politiques de domination et de contrôle social.

On ne peut jamais contraindre ce choix, qui est un choix très intime, très personnel, sans que cela ait d'autres conséquences sur la société. Et le genre de gouvernement qui choisit qui a le droit de naître, c'est aussi le genre de gouvernement qui choisit qui a le droit de vivre. Ce n'est pas forcément le gouvernement qu'on veut… ni d'ailleurs le genre de gouvernement qui va particulièrement se préoccuper de l'écologie !

Il y a aussi ce débat sur l'empreinte carbone des enfants qui ne sont pas encore nés. Vous avez évoqué cette étude qui parle de 60 tonnes de carbone par enfant. La plupart d'entre nous ont découvert ce chiffre dans une infographie de l'Agence France-Presse parue en 2018, selon laquelle renoncer à avoir un enfant est de loin l'action la plus efficace pour économiser le CO_2. Vous dites que cette infographie et l'étude dont elle est tirée ne tiennent pas la route. Pourquoi ?

Bien sûr, je ne suis pas le seul à les contester. Même les auteurs de l'étude ont pris beaucoup de recul sur ce chiffre. Comment arrive-t-on à ce chiffre énorme, qui correspond à six fois les émissions annuelles d'une personne ? Eh bien, en comptant toutes les émissions futures de toute votre descendance future, et cela en supposant que les émissions par personne vont rester stables, ce qui évidemment n'est pas le cas, ne serait-ce que parce qu'on a des quantités limitées de combustibles fossiles ou parce que si on continue à émettre autant, ça va sans doute mal se finir. Tout ça, donc, n'a absolument rien à voir avec d'autres types d'impacts individuels comme, par exemple, acheter des ampoules économes, devenir végétarien ou passer à la voiture électrique.

Pour une voiture électrique, des ingénieurs font ce qu'on appelle une analyse du cycle de vie, incluant la production, la maintenance, les consommations. Ce sont des chiffres réels et non projetés d'un futur lointain et hypothétique. D'autre part, ce sont des calculs à court terme, la voiture a été produite il y a quelques années, elle va être utilisée pendant quelques années, ce sont des choses qui contribuent au réchauffement aujourd'hui. Les émissions hypothétiques de vos arrière-arrière-arrière-petits-enfants hypothétiques ne contribuent pas au réchauffement aujourd'hui. Ça n'a rien à voir. Ce sont des données complètement différentes en termes de bilan carbone et d'effets physiques.

Évidemment, c'est aussi complètement différent d'un point de vue philosophique. Avoir un enfant n'est pas un choix de consommation. On considère encore que le droit à la procréation est un droit fondamental, ce qui ne veut pas dire que c'est un droit absolu. On ne peut pas considérer les émissions d'un enfant comme directement liées à sa naissance à la façon d'un modèle de voiture qu'on choisit. Parce que, je le redis, il n'y a pas d'enfant moyen. On a un choix sur leurs émissions, et eux-mêmes après auront un choix et une responsabilité, ça n'a rien à voir avec les émissions liées à la chaîne de production de votre voiture qui, elles, sont fixes et bien mesurées aujourd'hui.

Même si ce calcul est bancal, il n'en reste pas moins qu'un enfant qui va naître en France ou en Allemagne émettra, malgré lui bien sûr, plus de gaz à effet de serre qu'un enfant qui naît au Pakistan ou dans un pays d'Afrique subsaharienne.

C'est vrai. C'est pourquoi j'ai proposé un contre-calcul, pour estimer quel serait cet impact. Et dans ce contre-calcul, il y a un certain nombre d'ingrédients. Il faut savoir déjà qu'un enfant, en moyenne, consomme moins qu'un adulte, tout simplement parce qu'il utilise moins de produits, moins d'espace, etc. Ensuite, il faut comprendre qu'aujourd'hui, nos émissions par personne baissent pour l'ensemble de la société, même si ce n'est pas assez rapide. Cela peut baisser encore plus vite pour les gens qui sont un peu plus engagés, qui font plus d'efforts. Il y a des choses qui sont relativement faciles, on se rend compte qu'on peut faire assez vite baisser ses émissions et que finalement la trajectoire peut être nettement meilleure. Pour donner des ordres de grandeur, les émissions par personne en France et dans les pays riches baissent entre 1 et 2 % par an, ce qui n'est pas assez rapide. Pour atteindre des objectifs du type de ceux de l'Accord de Paris, avec une neutralité carbone en 2050, il faudrait une baisse d'à peu près 6 % par an.

Si on considère que, en tant que famille, on est capable de baisser ses émissions de 6 % par an, finalement, l'impact d'un enfant sera autour d'une tonne par an. Ce n'est pas zéro, une vie humaine n'aura jamais un impact écologique absolument nul. Mais il peut être relativement faible et en baisse pour le futur.

Une baisse de 6 %, c'est ce qu'on a connu l'année du premier confinement lié au Covid-19, en 2020. On mesure que cela représente des efforts très importants.

Ce sont des efforts importants, au niveau à la fois individuel et collectif. Ça n'a pas de sens de séparer les deux, et une grande partie des changements ne prennent sens qu'à l'échelle collective. Pour que ces efforts s'appliquent à tout le monde, et pas juste aux quelques personnes qui auraient envie de les faire unilatéralement dans leur coin, il faut passer par des réglementations.

Pour un certain nombre de gens, l'enjeu est plutôt de prendre la responsabilité de projeter des enfants dans un monde aux conditions de vie plus difficiles. Vous-même, vous allez bientôt devenir père. Est-ce aussi un questionnement qui vous saisit ?

Évidemment, c'est l'une des questions que je me suis posées avant de faire ce choix d'avoir un enfant. Je n'ai pas de réponse absolue. On n'a pas de boule de cristal sur le futur. Mais on peut quand même dire des choses intéressantes. Il y a des éléments qui sont physiquement gravés dans le marbre et d'autres qui ne le sont pas. Et il se trouve qu'en fait, relativement peu d'éléments sont gravés dans le marbre, notamment parce que, contrairement à ce qu'on entend souvent, il y a peu d'inertie climatique. Si l'humanité arrête demain d'émettre du CO_2, le climat se stabilisera en quelques années, quelques décennies, à peu près au niveau de réchauffement actuel.

La grande question qui se pose est de nature politique et humaine, c'est comment l'humanité va répondre à la crise écologique. C'est un choix de société : quel monde futur voulons-nous ? On est quand même obligé de constater qu'aujourd'hui on ne fait pas vraiment ce qu'on devrait. On ne fait pas rien, mais on n'est pas du tout à la hauteur du problème.

Les morts, les souffrances liées au changement climatique vont dépendre de l'ampleur du réchauffement, c'est-à-dire de nos choix de société. Va-t-on se serrer les coudes, s'entraider, ou au contraire se battre pour des bribes de ressources ? Il y a un cas de figure où ça ne va pas si mal se passer et un autre ou ça va très mal se passer. C'est dans cet intervalle que se nichent la grande marge de manœuvre et la grande incertitude. Là, nos enfants et nous-mêmes avons encore un certain nombre de cartes en main.

On fait porter sur des enfants qui n'existent pas encore des émissions de gaz à effet de serre qui, elles non plus, n'existent pas encore. N'est-ce pas sur nous, les adultes, qu'il faudrait faire porter la responsabilité, y compris d'ailleurs dans la manière dont on élève nos enfants ?

Si, tout à fait. On entend souvent : « Quand on est écolo, faut-il avoir des enfants pour peupler la Terre d'enfants écolos ? » En réalité, il n'y a pas de transmission automatique des valeurs des parents aux enfants ! Surtout, aujourd'hui, ce sont des adultes, et même plutôt des adultes âgés, qui ont le pouvoir, qui ont la responsabilité de la catastrophe écologique actuelle et qui ont la possibilité de changer. On ne peut pas compter sur des enfants qui naîtraient aujourd'hui, qui seront adultes dans vingt ans, qui seront peut-être aux commandes dans quarante ou cinquante ans, il sera beaucoup trop tard.

Le sujet est de savoir ce que font les gens qui ont le pouvoir maintenant, quels que soient leurs enfants, mais justement avec le souci de ces générations futures. De fait, les gagnants sont ceux qui vivent maintenant et les perdants sont dans le futur. Donc se projeter en se disant : « Je ne fais pas ça que pour moi, mais pour mes enfants, leurs enfants, les générations futures », c'est une perspective importante.

L'injonction d'avoir des enfants ou non est souvent faite aux femmes par des hommes, or ce sont les femmes qui sont les plus inquiètes des risques du dérèglement climatique, ce sont les femmes qui souvent portent la charge mentale de réduire les émissions de gaz à effet de serre de leurs enfants. Ce débat n'est-il pas posé de manière profondément inégalitaire ?

C'est un sujet qui m'a fait réfléchir parce qu'en effet c'est très majoritairement des femmes qui me disent être inquiètes, ou même qui s'excusent, disent : « Désolée, j'ai trois enfants, je sais, c'est pas écolo. » Les rapports de force, les rapports de domination dans la société font peser le poids des choix sur les femmes. En tant qu'homme, c'est important d'en être conscient et de prendre sa part du fardeau. Si on n'y pense pas, si on n'y fait pas attention, eh bien, par défaut, ça retombe sur des femmes.

Vous tenez des propos qui sont assez durs sur les difficultés climatiques auxquelles nous sommes confrontés. Mais, finalement, votre analyse est assez peu catastrophiste. Qu'est-ce qui vous donne de l'espoir malgré tout ?

Ce qui me donne de l'espoir, c'est le champ des possibles. En tant qu'individu, on se rend compte qu'un mode de vie plus sobre et plus écologique est positif sous beaucoup d'aspects. Ce n'est pas un sacrifice – ça peut l'être, ça dépend des circonstances, et donc c'est difficile d'en faire une généralité. Beaucoup d'améliorations sont faciles à mettre en place et nous ramènent à une vie qui peut avoir plus de sens, laisser plus de temps, plus de liberté à ce qui est plus important.

La question personnelle

Qu'est-ce qui vous hérisse particulièrement sur ces questions ?

Ce qui m'énerve, c'est l'alibi de ceux qui disent : « Je n'ai pas d'enfant, donc je peux faire ce que je veux, parce que dans tous les cas je pollue moins que vous qui en avez. » Ils utilisent ces fameux calculs fantaisistes pour affirmer que même s'ils prennent l'avion dix fois par an ils polluent moins que vous qui avez des enfants !

Ce que je retiens

Ce qui m'a frappé dans cette conversation avec Emmanuel Pont, c'est que l'on parle de choses très différentes. Du collectif et de l'individuel. Du politique et de l'intime. Mais je retiens quand même trois choses : d'un point de vue collectif d'abord, il faut arrêter de fantasmer sur la « bombe démographique ». Ce n'est pas vrai : l'idée que la planète va être submergée par les petits enfants du futur est caricaturale. Oui, on va être plus nombreux, mais l'objectif est surtout d'être moins pollueurs. Et là-dessus, la population joue un rôle marginal. Ce qui compte, c'est que les plus gros émetteurs du monde fassent un effort considérable pour baisser leurs émissions de gaz à effet de serre. Et les plus gros émetteurs du monde, c'est nous. Et nous, dans le monde occidental, nous sommes non seulement responsables de la plus grande part des émissions des cent cinquante dernières années, mais aussi ceux qui par habitant contribuent le plus au réchauffement climatique aujourd'hui. Donc plutôt que de demander des efforts démographiques en Afrique subsaharienne, il faut mettre en œuvre, chez nous, des politiques publiques pour faire baisser les émissions de gaz à effet de serre le plus rapidement possible.

Le deuxième point, c'est celui du poids carbone de l'enfant qui n'est pas encore né. Évidemment, tout humain qui arrive sur Terre aura un impact environnemental, on ne peut pas l'oublier, mais il est moins important que je le pensais. Ce que je retiens aussi, c'est qu'un enfant n'est pas un objet de consommation. Comparer le fait de ne pas prendre l'avion, de diminuer ses achats de vêtements et de viande avec le fait d'avoir ou non un enfant, finalement, c'est un peu lunaire. On peut réguler, interdire, transformer la consommation de biens polluants en votant des lois, en édictant des règles collectives, mais le droit d'avoir ou de ne pas avoir un enfant, c'est une liberté fondamentale, et ça, je ne crois pas que ça doive changer. Tout comme d'ailleurs le droit des femmes à disposer de leur corps, une donnée que l'on oublie souvent dans ce débat. Le fait qu'elles puissent décider d'avoir ou pas des enfants, de changer d'avis, d'accéder librement à la contraception, et aussi le droit qu'on arrête de les embêter en leur disant quoi faire et comment le faire – avec ou sans enfant !

Cela m'amène à mon troisième point. Et je trouve que c'est la question la plus difficile. Celle, intime, de la responsabilité que l'on prend en ayant des enfants dans un monde qui se réchauffe. Là, évidemment, nos vies, notre trajectoire personnelle, notre rapport au monde sont différents, c'est une question d'appréciation personnelle. Tout le monde ne part pas du même endroit. Oui, le monde qui nous attend, qui attend nos enfants sera peut-être plus dur. Mais il y a encore une chance que l'on échappe au scénario du pire. Emmanuel Pont a raison de rappeler que c'est possible et que cette trajectoire dépend de nous.

J'aimerais ajouter une note plus personnelle. Bien sûr, toutes les familles sont différentes. Je ne peux parler que de mon expérience qui ne vaut rien d'autre que ce qu'elle est. Je veux simplement dire que, dans mon cas, avoir des enfants me rend heureux, tout comme le fait d'être proche de mes parents et de mes frères et sœurs. Ça me permet de traverser les épreuves de la vie, me donne envie de vivre sur une planète habitable, de faire face avec mes petits bras au changement climatique, c'est ça qui me permet de ne pas renoncer d'en parler dans des podcasts ou des livres. Dans mon expérience personnelle, le fait d'avoir des enfants m'a donné envie de bouger, m'a fait réfléchir. Et ça, ça ne se mesure pas en tonnes de CO_2.

14.

La transition va-t-elle créer ou détruire des emplois ?

avec Dominique Méda

Dominique Méda est sociologue et directrice de recherche à l'université Paris-Dauphine. Elle préside l'Institut Veblen, un laboratoire d'idées qui œuvre à des réformes économiques justes et sociales en faveur de la transition. Elle est également chroniqueuse au *Monde* et sur France Culture.

Quand on est journaliste, on a la chance de pouvoir visiter des tas d'endroits. Par exemple, j'ai pu me faufiler dans des raffineries, des centrales nucléaires, des fermes éoliennes ou des champs pétroliers, mais je dois dire que, récemment, le reportage qui m'a le plus marqué a été celui que j'ai fait dans la centrale thermique de Gardanne. Pas simplement parce qu'elle est au pied de la plus belle montagne de France, la Sainte-Victoire, mais aussi parce que j'y suis retourné plusieurs fois pour échanger avec la direction et les salariés.

Les ouvriers du charbon qui ont fait une très longue grève pour lutter contre la fermeture de l'usine – ce qui a fini par arriver – me disaient : « On sait que le charbon ce n'est pas bien, d'ailleurs on est les premiers à en souffrir, mais on a besoin d'un salaire, on a des crédits immobiliers à payer et on ne veut pas que notre activité s'arrête. Et puis, qu'est-ce qu'on peut faire d'autre comme boulot ? Dans la région il n'y a rien. »

Une fois, l'ancien dirigeant de la CGT, Philippe Martinez, m'avait résumé les choses d'une manière un peu plus claire : « Si vous demandez à un salarié "Est-ce que tu préfères sauver la planète ou sauver ton emploi ?", il y a assez peu de chances qu'il réponde "sauver la planète" ».

Ça fait longtemps que le sujet m'intéresse, et je sais qu'en théorie la transition climatique pourrait créer massivement des emplois utiles qui rendent les gens heureux et nous permettent de tenir nos objectifs climatiques. Comme dirait Aladdin, ce serait un peu le rêve bleu. Mais pour l'instant j'ai beau frotter la lampe, je ne vois pas le Génie sortir et les nouveaux emplois pleuvoir. La transition climatique peut-elle se faire sans détruire des centaines de milliers d'emplois ? Dans quels secteurs est-il possible d'en créer de nouveaux ? Comment faire pour mettre en place la formation et les outils nécessaires pour réussir à transformer le marché du travail ?

Pour atteindre la neutralité carbone, il faut se débarrasser des énergies fossiles : le pétrole, le gaz, le charbon. Concrètement, cela veut dire que des pans entiers de l'économie doivent se transformer et que des emplois risquent de disparaître. De quoi parle-t-on ?

Il s'agit des secteurs qui émettent des gaz à effet de serre, qu'il faut considérablement réduire ; par exemple, les voitures thermiques, celles dont l'Europe nous dit qu'elles ne seront plus en vente en 2035, mais aussi l'agriculture intensive, des industries comme le ciment, etc. Dans tous ces secteurs, il y a en effet des emplois qui vont devoir se transformer. Toute la question est la simultanéité entre la disparition de ces emplois et la création de nouveaux. Ça ne va pas se faire du jour au lendemain, d'où la nécessité absolue d'anticiper, c'est-à-dire de faire un grand scénario, sans doute à vingt ans. Donc mettons-nous au travail ! Repérons les secteurs, les entreprises menacés, et mettons en place les politiques publiques, les aides, toute la concentration d'intelligence qu'on peut avoir pour aider à leur transformation.

Dans le secteur de l'automobile, par exemple, le travail mené par le groupe de réflexion The Shift Project estime que 300 000 emplois pourraient être détruits.

Le problème, c'est qu'il faut supprimer peu à peu les véhicules thermiques, passer aux véhicules électriques, et sans doute ne pas conserver le même nombre de véhicules en général. On sait qu'il faut développer le vélo, la marche, d'autres moyens de transport plus doux, mais le problème c'est qu'on a besoin de beaucoup moins de main-d'œuvre pour fabriquer un moteur électrique, environ 60 % de moins que pour un thermique.

Une autre étude, menée par la Fondation pour la nature et l'homme (FNH) et la CFDT, a réfléchi à la reconversion.

Ce qu'elle propose et que je trouve très intéressant, c'est de prendre de vitesse le changement, c'est-à-dire d'accélérer la transition, de passer très vite à l'électrique, et donc de commencer tout de suite à reconvertir la main-d'œuvre.

Mais n'y a-t-il pas le risque que la transition accentue la désindustrialisation – autrement dit, qu'on supprime des emplois et qu'on importe plus de produits fabriqués ailleurs ?

C'est un risque évident si cette transition écologique n'est pas préparée, que l'on résiste, que l'on n'anticipe pas et que l'on s'accroche au vieux monde. C'est pour cette raison qu'il faut vraiment s'y prendre maintenant. Pour l'instant, ni les entreprises ni l'État n'anticipent suffisamment ces reconversions. C'est véritablement comme des restructurations industrielles, il faut qu'on fasse un inventaire des compétences – celles qui existent mais aussi celles dont on va avoir besoin. Il faut identifier les emplois qu'on va relocaliser ou ceux qu'on va développer, où on va les installer sur le territoire. Il faut donc une cartographie très précise pour aider les entreprises à s'adapter.

C'est important mais ça me fait craindre que ces nouveaux emplois soient proposés à des salariés qui ne sont pas ceux des secteurs qui vont être touchés par la transition, ceux qui travaillent aujourd'hui dans la pétrochimie ou l'automobile, par exemple.

Je suis d'accord, il y a un risque de désajustement. C'est exactement ce que souligne le rapport de Laurence Parisot (ancienne présidente du MEDEF) rendu en 2019. Il disait : « On va avoir des créations d'emplois, c'est certain, on va aussi avoir des destructions d'emplois, donc il faut faire en sorte que les salariés qui se trouvent aujourd'hui dans les secteurs menacés ne portent pas sur leur dos tout le poids de la transition. » C'est pour cela que les syndicats parlent depuis longtemps de « transition juste », une transition qui ne repose pas exclusivement sur ceux qui sont malheureusement par hasard dans les secteurs menacés. C'est très important de montrer que cela ne va pas se passer comme dans les années 1970 où les restructurations du textile, de la sidérurgie ont chaque fois raté, et se sont en effet soldées par des gens au chômage et en préretraite. Là, on n'a pas le droit à l'erreur parce qu'on sait qu'il va y avoir des destructions d'emplois, on doit absolument les anticiper.

On peut trouver ça désagréable comme réflexion, mais ne faut-il pas finalement accepter un peu de casse sociale pour pouvoir être sur la bonne trajectoire climatique ? Parce qu'en réalité, les raffineries, les centrales à charbon, les secteurs émetteurs, il faut qu'ils baissent leurs activités, coûte que coûte.

Alors ce n'est pas du tout ce que je dis ! Il faut évidemment accélérer mais il faut que ça se fasse sans casse sociale. Pour cela, il faut admettre que ça va revenir très cher. C'est le même sujet qu'avec les Gilets jaunes. On sait très bien que si on avait mis un peu d'argent au moment de cette annonce de la hausse de la taxe carbone, ça aurait pu aller, il fallait cet accompagnement social. Je pense à une étude qu'on a réalisée à l'Institut Veblen avec l'Institut Rousseau et Les Amis de la Terre auprès des salariés des entreprises pétrolières et gazières. Ces salariés ont conscience des effets du changement climatique, et 80 % de ceux qu'on a interrogés se disent prêts à se reconvertir hors du secteur pétrogazier. Simplement, ils disent qu'il rencontrent des freins énormes à leur reconversion : on ne leur propose pas de formation. Ni l'État, ni la région, ni les entreprises ne s'en préoccupent.

Sait-on identifier les secteurs dans lesquels il est possible de créer des emplois de manière massive ?

Il y a d'abord celui de la rénovation thermique des bâtiments – même s'il va falloir construire moins, il faudra rénover beaucoup de logements pour consommer moins d'énergie. Deuxième secteur, le transport. Il faudra construire des infrastructures mais aussi développer des modes de transport doux, le vélo, peut-être de nouvelles lignes de train, de nouvelles machines, le fret, etc. Il faut aussi penser à l'agriculture : certains scénarios, comme celui du Shift Project, estiment qu'on peut créer 500 000 emplois dans le secteur. Si on veut sortir de l'agriculture intensive, dégoûtante, dévastatrice, mauvaise pour l'alimentation, mauvaise pour le climat, il faut créer beaucoup d'emplois dans l'agriculture.

N'y a-t-il pas un risque que certains y perdent dans leurs conditions de travail ? Ce n'est pas la même chose d'être ouvrier dans l'automobile que d'être ouvrier agricole.

C'est une question intéressante et très importante. Ce n'est pas forcément le cas dans de nombreux secteurs comme la rénovation thermique des bâtiments, tout ce qui concerne les énergies, les conseillers en énergie, le développement des nouvelles énergies, le photovoltaïque, les panneaux solaires, l'éolien, les infrastructures. Mais c'est vrai que l'agriculture pose un problème, parce qu'on se dit qu'on va revenir au XIXe siècle, qu'il va falloir travailler dur dans les champs, ce n'est pas évident. Mais il ne faut pas le voir sous cet angle. Parmi ces 500 000 emplois agricoles, il y a, par exemple, la relocalisation de la production de fruits et légumes et l'amélioration des pratiques agroécologiques. Je ne suis pas certaine que ces pratiques vont être obligatoirement de mauvaise qualité. L'une de mes hypothèses, c'est que cette vaste reconversion écologique va permettre de créer des emplois mais aussi de changer le travail en profondeur, et notamment de le désintensifier. Il va falloir rompre avec cette légende de la productivité : produire toujours plus vite dans toujours moins de temps. L'économiste Jean Gadrey disait déjà il y a vingt ans qu'il faut arrêter de penser que les gains de productivité sont le cœur du progrès ; il faut des gains de qualité et de durabilité. Donc, peut-être qu'on va exercer ces nouveaux métiers dans le bâtiment, les énergies, l'agriculture autrement. Vous allez me dire que c'est une monstrueuse révolution ? Oui, il faut intégrer cette idée qu'on va changer le cœur du travail.

Comment faire pour organiser ce passage d'une économie qui repose sur les énergies fossiles à un marché du travail qui en est libéré ?

Il nous faut un commissariat général au plan qui fasse son boulot, c'est-à-dire qui mette les régions et les partenaires sociaux autour de la table. Les régions ont des compétences très importantes, notamment en matière de formation. Je crois beaucoup au plan, mais très détaillé, très sectoriel, qui entre dans le détail. Par exemple, concernant les rénovations des bâtiments, faut-il les rénover tous, y compris dans les petits villages où ces travaux coûteraient très cher, ou faut-il faire autrement ? Bref, il faut prendre des décisions très importantes. Il faut faire des choix de relocalisation qui ne concernent pas seulement les secteurs dont on a parlé mais plus généralement des choix industriels forts. Veut-on relocaliser une partie de notre industrie pharmaceutique, par exemple ? Et, une fois qu'on a fixé les grandes lignes, il faut mettre les moyens en place et conditionner le versement des aides aux entreprises à la réalisation des engagements sociaux et environnementaux.

L'idée du commissariat général au plan fait référence aux plans des années 1960, mais la France a beaucoup changé, le pouvoir est décentralisé, les gens veulent être associés aux décisions, et la place de l'État est beaucoup moins importante.

Bien sûr ! Mais la logique reste la même qu'à l'époque : déterminer des objectifs de production et mettre en place une politique cohérente. À mon avis, ce qui manque le plus pour rendre tout cela concret, c'est une sorte de loi de programmation. On en a une pour l'équipement militaire, pour la sécurité intérieure, mais on n'en a pas sur le sujet, qui nous dirait sur les cinq ou dix ans à venir ce qu'on va déployer comme investissements publics pour ces reconversions industrielles. Évidemment, il faut des investissements publics très élevés, et c'est l'un des points de résistance aujourd'hui, avec les déficits qu'on ne veut pas augmenter, rester sous les 3 % en 2027, etc. Alors qu'on sait qu'il faudrait au moins 60 milliards de plus d'investissements par an.

La question est aussi d'assurer des formations de qualité pour réussir les reconversions. L'économiste américaine Pavlina Tcherneva défend l'idée d'un « emploi vert » qui aiderait les salariés à se reconvertir avec de l'argent public avant de les faire revenir sur le marché du travail.

C'est une idée héritée du New Deal de Roosevelt, qui avait créé à l'époque des brigades qui devaient s'occuper d'environnement, de forêts, etc., pour redonner de l'emploi aux personnes. J'irais un petit peu plus loin. Il faut établir des « CV de site », c'est-à-dire aller dans des entreprises qui appartiennent à des secteurs menacés et dessiner une cartographie des compétences individuelles et collectives, et dans le même temps il faut identifier, sur le même territoire ou sur un territoire plus éloigné, où vont être les emplois à développer et comment on va opérer les formations et reconversions nécessaires. Et c'est vrai qu'on n'est pas très bien équipés sur ce point. Ce qui est délicat, c'est qu'il va falloir penser à des ajustements très précis, pour permettre aux salariés de travailler dans une activité qui finalement n'est pas très éloignée de leur champ de compétences actuel.

Ne faut-il pas créer une structure spécifique pour assurer la réussite de ces parcours, une sorte de service public de l'urgence climatique ? J'aime beaucoup cette idée, mais quand j'en parle, on m'oppose que ça coûterait trop cher et risque d'être inefficace.

Des syndicats et des associations avaient défendu cette idée au Royaume-Uni, il y a quelques années, et avaient appelé ça *One Million Climate Jobs* : une espèce de service public du climat qui va voir où les gens ont des emplois menacés, les forme et les replace ailleurs. C'est intéressant. Je note qu'on dit depuis vingt ans que l'État n'est pas compétent et qu'il faut laisser faire les entreprises, mais si on regarde de près comment les entreprises gèrent les reconversions… ce n'est pas terrible ! On ne peut pas dire qu'elles prennent aujourd'hui leurs responsabilités sur le sujet. Donc, je pense que l'État a une responsabilité immense, il doit pousser les entreprises dans le bon sens, il doit les inciter et les sanctionner quand elles ne font pas ce qu'il faut. Il faut arrêter de distribuer 200 milliards d'aides aux entreprises si elles ne s'engagent pas à reconvertir leurs produits et leurs salariés.

Le plan contre l'inflation et pour le climat de Joe Biden, aux États-Unis, qui encourage un certain nombre d'entreprises à investir dans la décarbonation, peut-il être une source d'inspiration ?

C'est la bonne approche. Je préférerais que ça se fasse à l'échelle européenne, que l'on fasse un peu de protectionnisme, qu'on arrête d'être naïfs. Ça me semble absolument essentiel. Il ne faut pas reproduire ce qui s'est passé avec l'industrie des panneaux photovoltaïques – il y avait eu pas mal d'emplois créés, qu'on a tous perdus quand la Chine est montée en puissance. C'est essentiel de développer des filières et, pour une fois, d'essayer d'être en avance parce qu'on est pieds et poings liés aux États-Unis et à la Chine pour un grand nombre de ressources dont on va avoir besoin pour réussir la transition écologique.

Mais n'y a-t-il pas une forme de contradiction à dire « il faut réindustrialiser, mieux produire », et en même temps « il faut faire preuve de sobriété » ? On va créer plus d'emplois mais pour consommer moins ? Il n'y a pas vraiment d'exemples de ce type dans l'histoire…

C'est le défi. Peut-être qu'il faut qu'on accepte d'être moins productifs, qu'on change les critères d'évaluation de nos performances, que l'objectif ne soit plus de produire le plus de biens et de services standardisés mais que ce soit de relocaliser la production de fruits et légumes sains, avec une main-d'œuvre bien traitée. Dans la comptabilité nationale, on accorde la même considération à une tomate sans aucun goût cultivée au Maroc par une main-d'œuvre peu payée et une tomate goûteuse cultivée dans de bonnes conditions en France. Alors qu'on ne parle pas du même produit ! Il faut sans doute qu'on change nos attentes : quels produits veut-on consommer, avec quelle qualité ? Il faut en effet qu'on conjugue sobriété, moindre consommation et consommation de meilleurs produits.

Qu'est-ce qui finalement vous donne de l'espoir quand vous regardez le futur ?

Ce qui me donne de l'espoir, ce ne sont pas tellement les politiques gouvernementales mises en œuvre aujourd'hui ni la manière dont les entreprises se saisissent de la question, c'est de voir que de plus en plus de gens de la société civile, les ONG, les jeunes sont convaincus que c'est le chemin qu'il faut prendre. J'ai lu récemment que 70 ou 80 % des actifs occupés veulent un travail qui soit cohérent avec leurs exigences et leurs attentes écologiques. C'est très important, et c'est une très bonne nouvelle !

La question personnelle

Si on vous sollicitait, seriez-vous prête à mener une action de désobéissance civile, à vous enchaîner à une raffinerie ou à une centrale charbon pour dire qu'il faut absolument changer la politique climatique ?

C'est une très bonne question et je culpabilise parce que je suis souvent sollicitée par Extinction Rebellion ou par le mouvement Scientifiques en rébellion, dont je fais partie. Jusqu'à maintenant je ne l'ai pas fait, je m'en veux un peu, peut-être que je le ferai un jour, oui. Et je suis très admirative de tous ces collègues ou des jeunes militants qui mènent ce type d'actions.

Ce que je retiens

Sans avoir répondu à toutes mes interrogations, Dominique Méda m'a aidé à clarifier plusieurs choses. D'abord, cette idée de planification. Maintenant qu'on est d'accord pour dire qu'il faut planifier la transition, c'est intéressant de se demander à quoi cela peut ressembler concrètement. Pour elle, il faut imaginer en même temps la diminution des emplois et des activités qui polluent et la croissance des activités des métiers dont on a besoin. J'aime bien cette idée d'une carte de France dans laquelle on imagine dans quel territoire on va faire quoi, comment il va se transformer du point de vue de l'emploi, même si pour l'instant ce n'est pas exactement ce qu'on fait. Mais installer autour de la table des chefs d'entreprise, des syndicats, des élus locaux, des associations, pour se demander comment l'endroit où on vit et où on travaille va se transformer pour le mieux est une excellente piste. Comment met-on en place une planification décentralisée et joyeuse ?

La deuxième idée que je retiens, c'est le défi de la formation. Contraindre les gens à changer de métier n'est pas facile. Cette question est souvent absente des politiques publiques et même des discours de beaucoup de militants sur le climat. Non, tout le monde ne va pas monter son entreprise pour devenir conseiller en transition écologique. Donc comment faire à la fois de la formation de masse pour faire bouger des secteurs entiers et de l'accompagnement individualisé ? Comme le dit Dominique Méda, c'est un sacré défi, mais je crois que si on ne le prend pas au sérieux on peut se retrouver avec beaucoup de salariés sur le carreau et une grande défiance de la part d'une partie du monde du travail.

La troisième chose, c'est la réindustrialisation. Il y a des secteurs dans lesquels il n'y a pas de doute, on pourrait y aller à fond. Remonter une industrie du vélo, investir dans les usines de panneaux solaires, faire construire des véhicules électriques légers, investir massivement dans la filière de la rénovation des bâtiments, etc. Ce sont des investissements sans regrets, on est sûr que c'est ce qu'il faut faire. Alors oui, peut-être que ça coûte un peu cher aux finances publiques au début, mais à moyen terme les bénéfices sont nombreux et indiscutables.

Un dernier point sur une idée qui me tient à cœur : cette histoire de service public de l'urgence climatique, que j'appelle le « SPUC » et pas simplement parce que je trouve que le nom sonne bien. J'ai écrit à ce sujet un article dans *Le Monde* qui a fait réagir de nombreux lecteurs et quelques responsables politiques qui m'ont proposé d'en discuter. Je continue de penser que cette idée n'est pas complètement farfelue. Une agence dans laquelle on organise les nouvelles filières, on forme les salariés et on met en œuvre concrètement la transition de manière décentralisée et désirable. Reste à savoir quelle forme pourrait prendre ce SPUC, mais il me semble que c'est une bonne base de discussion.

15.

Faut-il faire payer les riches ?

avec Lucas Chancel

Lucas Chancel est économiste. Spécialiste des inégalités mondiales, enseignant à Sciences Po, il codirige le Laboratoire sur les inégalités mondiales de l'École d'économie de Paris. Outre les inégalités mondiales, il s'intéresse particulièrement à l'économie politique européenne et aux enjeux de la transition écologique. Auteur ou coauteur de plusieurs ouvrages sur ces sujets, il défend l'idée qu'on peut faire baisser nos émissions de gaz à effet de serre en réduisant massivement les inégalités qui gangrènent la planète.

Je dois bien reconnaître que, quand le mouvement des Gilets jaunes a commencé en novembre 2018, je suis complètement passé à côté. En fait, je n'ai rien compris. Quand j'ai vu ces gens qui se plaignaient de devoir payer plus cher leur carburant, je me suis dit : « Ils n'ont pas conscience que, oui, l'essence va coûter de plus en plus cher et qu'on a besoin qu'elle coûte plus cher parce que c'est l'un des moyens de se débarrasser des énergies fossiles et d'enfin mener la bataille contre le changement climatique. » Il faut dire que j'ai toujours détesté conduire, j'ai grandi en ville et, encore maintenant, j'ai peur quand je prends le volant. C'est sûr que ça n'a pas aidé mon empathie avec le début de mouvement. Et là, ma collègue du *Monde*, Aline Leclerc, qui a suivi le mouvement des Gilets jaunes et qui revenait justement de plusieurs rencontres sur des parkings de supermarché, m'a expliqué que je n'y comprenais rien et que c'était beaucoup plus compliqué. Évidemment, même si cela ne me plaît pas beaucoup, je suis bien obligé d'admettre qu'elle avait raison.

D'abord, elle voyait que beaucoup de gens sur les ronds-points étaient tout à fait prêts à faire des efforts mais qu'ils voulaient savoir à quoi ça servirait, et puis surtout ils voulaient qu'on leur propose des alternatives. Cela m'a fait beaucoup réfléchir à qui doit faire quels efforts dans la transition – y compris dans la rédaction du *Monde*, nous en avons beaucoup discuté et nous n'étions pas tous d'accord sur le sujet. On sait qu'il faut réduire massivement nos émissions de gaz à effet de serre, que cela va demander des changements dans nos modes de consommation et de production, et concerner absolument tout le monde. Mais, tout de même : demander la même chose à des gens qui gagnent beaucoup d'argent et à des gens qui en gagnent très peu, à des citadins et à des gens qui vivent à la campagne, à des gens qui ont une voiture et à des gens qui n'en ont pas ?

J'ai compris beaucoup de choses quand j'ai ouvert le *Rapport sur les inégalités mondiales*, un important travail coordonné par les économistes Thomas Piketty, Lucas Chancel, Gabriel Zucman et Emmanuel Saez, paru en 2022. On y apprend notamment qu'à l'échelle mondiale les 1 % les plus riches émettent autant de gaz à effet de serre que les 50 % les plus pauvres.

Comment faire pour intégrer cette question des inégalités à la lutte contre le changement climatique ? Peut-on mener en même temps la bataille pour le climat et la lutte pour réduire ces inégalités ? Et surtout comment on fait pour que la transition ne génère pas encore plus d'inégalités que celles qui existent déjà ?

Vous estimez aberrant de tenter de résoudre le problème du changement climatique sans s'attaquer en même temps à la question des inégalités. Pouvez-vous nous expliquer pourquoi ?

Tout le monde a envie d'une planète désirable et est prêt à faire des efforts pour préserver l'habitabilité de la Terre et pour laisser à ses enfants ou petits-enfants un monde dans lequel ils puissent respirer. Mais ces efforts ne représentent pas la même chose pour tout le monde. Une personne qui a peu de revenus, peu d'épargne, peu d'alternatives à l'utilisation régulière de sa voiture n'abordera pas ce débat sur la transition de la même manière que celui qui dispose d'une bonne épargne personnelle, peut s'acheter un véhicule électrique et rénover sa maison. Ce dernier pourra facilement acheter des produits bio qui nécessitent moins de CO_2 pour leur production, utilisent moins de pesticides, mais coûtent deux fois ou trois fois plus cher. On est face à un enjeu de justice sociale et un enjeu de répartition de l'effort. Pour aborder ces questions, il est important d'avoir à l'esprit que tous les Français n'ont pas le même niveau d'émissions de carbone. Or, c'est bien le point de départ à partir duquel les efforts sont requis pour parvenir, en 2050, à zéro carbone. Parce que l'objectif final est que tout le monde soit descendu à zéro tonne de carbone en 2050. Et le débat politique doit permettre de décider du chemin à prendre pour y parvenir.

Les riches émettent plus que les pauvres, certes, mais, concrètement, comment cela se traduit-il ?

Pour donner un ordre de grandeur, un aller-retour Paris-New York correspond à une émission moyenne de 1,5 tonne de carbone. Or, en moyenne, un Français émet 9 tonnes de carbone par an, en prenant en compte les émissions dites importées, c'est-à-dire celles qui ont été faites en Chine pour produire les biens que nous consommons ici, en France.

En réalité, quand on se penche sur qui consomme quoi et quel est le carbone nécessaire à cette consommation, on observe que la moitié la plus pauvre des Français émet en moyenne 5 tonnes par personne et par an. Soit à peu près deux fois moins que la moyenne générale de la population. Quant aux 10 % les plus aisés, ils émettent 25 tonnes par habitant. Soit cinq fois plus que la moitié la plus pauvre.

Arrêtons-nous sur les plus fortunés, d'abord. Qui sont-ils ? Et à quoi correspondent ces 25 tonnes de carbone qu'ils émettent ?

Les 10 % de Français les plus aisés consomment davantage de biens et de services que le reste de la population. Des services sous forme de loisirs ou des services à la personne. Cette assertion n'étonnera personne, mais il est intéressant de se pencher sur les détails : quelles activités économiques sont nécessaires à la production de ces services, quand on compte la fabrication, le transport, etc. ? Il est important de souligner que ces estimations incluent les émissions liées aux investissements, nettement plus élevées chez les classes aisées que chez les plus modestes.

Pour résumer, nos 9 tonnes d'empreinte carbone annuelle moyenne masquent de fortes inégalités que nous n'avons pas forcément en tête parce que le débat politique pointe plus facilement « les Français qui ont refusé la taxe carbone alors qu'ils polluent énormément avec leur voiture Diesel »... Il y aurait là un vrai sujet sur le fait que les classes populaires sont présentées comme n'étant pas écolos.

D'ailleurs, cette vision d'une classe populaire un peu éloignée des objectifs environnementaux n'est-elle pas utilisée comme une justification de l'immobilisme par une partie de la classe politique ?

Aujourd'hui, personne n'est à zéro tonne de carbone. Et même si elles ne se disent pas écolos, les classes populaires, dans leur immense majorité, en France comme dans les autres pays du monde, sont, *de facto*, beaucoup plus écologiques que les classes moyennes et que les classes supérieures.

Tout cela est assez mécanique : comme les classes populaires consomment moins, elles émettent moins de gaz à effet de serre.

Elles consomment moins de ces biens et de ces services qui ont cette pression très forte sur la Terre et donc l'agressent. La planète ne se demande pas qui vote vert ou bleu ou rouge. Ce qu'elle voit, ce sont les tonnes de carbone. Alors, focaliser la discussion uniquement sur la voiture Diesel ne me semble pas être la bonne manière d'aborder ce débat.

D'accord, mais il faut bien que ces émissions de gaz à effet de serre liées aux transports, et plus particulièrement à la voiture, baissent.

Le transport constitue une part importante de nos émissions totales. Surtout chez les plus modestes. Mais ne regarder que cela nous fait oublier tout le reste du problème et notamment ces émissions liées à des postes non contraints. Typiquement, je pense aux voyages aériens des plus aisés. Il suffit de prendre l'avion de Paris à New York pour ajouter 1,5 tonne à son bilan carbone. C'est-à-dire que, en un seul voyage, un Français qui fait partie des 10 % les plus aisés va grimper à un niveau d'émissions total qui, finalement, n'est pas très éloigné de ce que va émettre en une année entière une famille qui fait partie des 50 % de Français les plus pauvres. On comprend avec cet exemple qu'il ne faut pas focaliser le débat sur cette question des déplacements domicile-travail ou des déplacements quotidiens tout au long de l'année ; il faut regarder vraiment la totalité de nos émissions.

Ce raisonnement ne risque-t-il pas d'entraîner une certaine démobilisation ? Après tout, les classes populaires et les classes moyennes pourraient se dire que les plus riches n'ont qu'à commencer les efforts, puisque ce sont eux qui émettent le plus ?

Moi, j'observe plutôt le risque inverse : surfocaliser le débat sur les émissions carbone des familles françaises qui n'ont pas accès aux transports en commun, qui refuseraient la taxe carbone et qui refuseraient en fait la transition écologique nous amène vers des situations type Gilets jaunes. Et ça, on le constate aussi dans d'autres pays.

Encore une fois, tout le monde doit descendre à zéro. La question est de décider où mettre le curseur et à qui on demande davantage d'efforts. Or, quand on voit que certaines personnes sont à 25 tonnes et que d'autres sont à 5 tonnes, peut-être peut-on se dire qu'il faut déplacer le curseur vers ceux qui sont à 25 plutôt que vers ceux qui sont à 5. Pourquoi ? Parce que le gouvernement français, comme tous les pays qui ont signé l'Accord de Paris, a annoncé des objectifs de réduction des émissions qui doivent conduire à zéro en 2050. Sur ce chemin, il y a des points d'étape. En 2030, chaque Français devrait être en moyenne à 5 tonnes. Or, une partie de la population française y est déjà, et une autre partie est au-dessus. On voit bien où il faut faire les efforts, surtout dans un contexte où certains sont davantage contraints que d'autres. Et, pour revenir à votre question de démobilisation d'une partie de la population, je pense que, avec de tels arguments, on démobilise surtout la moitié la plus riche de la population, qui n'a même pas conscience de son impact réel sur le climat, sur l'environnement.

L'un des invités de Chaleur humaine, *l'eurodéputé macroniste Pascal Canfin, expliquait que, si on devait attendre d'être sortis du capitalisme pour résoudre le problème climatique, on risquait de perdre beaucoup de temps. Qu'en pensez-vous ?*

Nous sommes à l'orée d'une transformation profonde de notre économie. On va regarder de plus près comment les entreprises produisent, comment on achemine les biens vers les consommateurs et comment ces derniers s'emparent de ces produits. La transition énergétique va tout chambouler. Le système économique va changer. Et, d'ailleurs, c'est ce qu'on a observé dans les précédentes transitions énergétiques. Quand on est passé du charbon au pétrole, le monde s'est totalement transformé. On a eu l'émergence d'un type d'organisation urbaine totalement différent de ce qu'il y avait auparavant, puisque le pétrole a permis la voiture individuelle, qui elle-même a autorisé l'expansion des zones pavillonnaires.

Justement, les transitions précédentes n'ont pas été imposées pour des motifs politiques ou environnementaux. Il y a eu des gagnants et des perdants, car le passage du charbon au pétrole ne s'est pas accompagné d'un grand programme de rééquilibrage. Ne risquons-nous pas de nous retrouver dans la même situation ?

La bonne nouvelle, c'est qu'on peut orienter et aiguiller cette transition, plutôt que de subir le chaos qu'on a connu à la fin du XIXe siècle, lors de la première révolution avec le passage du bois au charbon, illustré dans des scènes de misère absolue par Zola, en France, par Dickens, en Angleterre, et aussi analysées dans les écrits de sociologues et d'économistes politiques de l'époque. Aujourd'hui, on a différentes manières d'éviter le chaos social, pour opérer cette transition. On peut décider de donner les clés de la voiture à Elon Musk, qui appliquera sa vision ultratechnologique et ultracapitaliste et réglera le problème climatique en plaçant des véhicules électriques partout. Mais il y a d'autres manières de procéder. Comme les Suédois, par exemple, qui, à partir des années 1970-1980, ont permis aux familles suédoises de changer de système de chauffage. Les municipalités, les communes ont investi pour installer des réseaux au cœur des villes et créer une richesse publique partagée. Ensuite, chaque famille a eu le choix de garder sa vieille chaudière au fioul ou de passer à une nouvelle technologie, collective, alimentée par des forêts renouvelables. Dans ce modèle, la nouvelle technologie est détenue collectivement. C'est un bien public.

Certes, les plus fortunés émettent beaucoup plus de gaz à effet de serre. Mais, d'un autre côté, leurs activités génèrent des revenus pour beaucoup de gens. Si on supprime des lignes aériennes, si on ferme des aéroports en disant aux plus riches qu'il faut arrêter de prendre l'avion, ne risque-t-on pas d'avoir des perdants, qui seraient plutôt du côté des plus modestes ?

Clairement, il y aura des perdants et des gagnants dans cette transition. Mais il faut bien comprendre que le coût de la non-transition est encore plus important. Le changement climatique, c'est le climat du sud de la Méditerranée qui se déplace jusqu'à Lyon. Donc cela justifie de vraiment mettre les moyens sur la compensation de ces pertes et sur l'aide aux personnes travaillant dans des secteurs qui doivent aujourd'hui être réduits jusqu'à zéro : le charbon, le gaz, le pétrole et l'aérien en partie. Cela dit, on connaît bien les mécanismes à mettre en œuvre. Là, il faut actionner la mise en place d'un soutien financier et d'un soutien à la reconversion. On ne le fait pas très bien en France, certes, mais il faut se demander comment aider à former les gens pour passer d'une activité à une autre et y mettre les moyens.

On retombe sur cette question centrale : comment fait-on pour mobiliser l'argent nécessaire à cette transition ?

L'élément central, c'est effectivement celui de l'emploi des secteurs touchés. Cela dit, l'essentiel des études sur le bilan total de la transition en matière d'emploi montre que, finalement, on y gagne. On y gagne parce que la transition écologique nous oblige à relocaliser une partie des emplois. Typiquement, cela signifie plus d'emplois locaux de gérer une éolienne, de gérer une centrale de géothermie, d'avoir une filière de production locale de batteries électriques, plutôt que d'importer le pétrole d'Arabie saoudite. Une bonne partie de la valeur ajoutée va dans les fonds souverains des Qataris ou des Saoudiens. Eh bien, ces euros-là, on les dépensera pour payer des emplois sur le sol français.

Mais cette activité, ces emplois dont vous parlez, ils n'existent pas aujourd'hui. Il faut pouvoir les générer. Pour cela, il faut de l'argent, il faut de la volonté politique, il faut un cadre qui permette de le faire…

Une bonne partie de cet argent qu'on ne dépense plus à acheter du pétrole venant du reste du monde pourra servir. Donc, une partie de la transition s'autofinance même si c'est quelque chose qui coûte à court terme, et il faut trouver des milliards. Il faut consacrer 2 % du PIB français dans les investissements en énergie et transports bas carbone, etc. Aujourd'hui – en tout cas, en 2019-2020 –, on y consacre un peu moins de 1 %. Il va donc falloir doubler le volume de ces investissements. On met un peu moins de 30 milliards, il va falloir passer à 60 milliards, voire un peu plus par an. On peut se dire que l'État peut s'endetter puisqu'on est sur une logique d'investissement. J'emprunte aujourd'hui, j'investis ; et demain, j'aurai une forme de retour sur investissement parce que j'économise tout le pétrole que je n'aurai plus à acheter. Mais ça ne peut pas suffire.

Et c'est là qu'on arrive sur la question fiscale. Il y a des besoins budgétaires. Il faut dépenser de l'argent là aujourd'hui et, pour cela, on a un outil assez fantastique qui s'appelle l'État social et l'État fiscal. Les Européens ont inventé cela au début du XXe siècle, dans le contexte de la guerre, du financement d'un effort collectif. On s'est demandé alors comment répartir sur la population cet effort collectif majeur. Et on a inventé un autre outil fantastique, l'impôt progressif, qui permet à chacun de contribuer à hauteur de ses moyens.

Cela veut-il dire qu'il faudrait revenir à une forme d'impôt sur la fortune, mais qui serait dirigée vers des investissements à la transition ?

La première chose, c'est d'éviter les erreurs comme la taxe carbone, qui pèse essentiellement sur des classes populaires contraintes dans leur utilisation de la voiture alors qu'on ne demande pas un euro de taxe carbone sur l'avion qui va de Paris à la Côte d'Azur. Donc, la première étape est de réfléchir à qui mettre à contribution pour commencer la transition. Quand on n'a pas d'alternative, évidemment, c'est compliqué. Le deuxième point, c'est qu'on a besoin d'un système fiscal qui fonctionne, même indépendamment de la question climat. Et là, nous avons besoin d'un système fiscal qui mette à contribution les plus aisés, qui taxe le patrimoine des plus aisés. C'est-à-dire qu'il faut des recettes fiscales pour que l'État puisse accompagner les précaires dans notre société. Accompagner les processus de formation et d'emploi et financer les services publics en général.

Qu'est-ce qui vous donne de l'espoir ?

La bonne nouvelle, c'est que nous disposons déjà d'une partie des solutions, à la fois techniques, mais aussi sociales, fiscales et politiques. Elles n'existent pas dans le cadre d'un paquet complet, mais on les observe mises en œuvre ici et là dans les pays voisins. D'ailleurs, il ne faut pas regarder que du côté des pays du Nord. Certains pays émergents nous montrent différents stades d'avancement. Par exemple, en Indonésie, qui a connu un mouvement du même ordre que nos Gilets jaunes il y a plusieurs années, l'État a décidé de réutiliser l'argent d'une taxe carbone sur le kérosène pour financer la mise en place d'une sécurité sociale, qui auparavant n'existait pas. C'est la preuve qu'il peut y avoir des alliances entre le climat et la question sociale, et c'est ce qui me rend optimiste. Globalement, on est encore loin d'avoir tout essayé.

La question personnelle

Qu'est-ce qui vous hérisse particulièrement d'un point de vue climatique ?

Je dirais que c'est le « deux poids, deux mesures » sur la fiscalité carbone, par exemple, les vols intérieurs qui continuent à être détaxés. Si vous prenez l'avion pour aller dans votre résidence secondaire sur la Côte d'Azur, vous ne payez pas de taxe carbone. C'est totalement déconnecté de la situation actuelle. L'autre point, c'est l'absence d'information sur ces questions. Si vous investissez dans un produit financier plutôt qu'un autre, dans un Livret A ou dans une assurance-vie, vous n'avez pas d'information fiable sur le bilan carbone total de l'opération de votre choix. Sans information, on ne peut pas avancer, sans réglementation non plus, on a besoin des deux, mais aujourd'hui on n'a ni l'une ni l'autre.

Ce que je retiens

Je suis assez nul en mathématiques mais, pour une fois, si je ne devais retenir qu'une seule chose des propos de Lucas Chancel, ce sont ses chiffres. Les chiffres qu'ils donnent sur les émissions de gaz à effet de serre des Français sont très éloquents. Un Français émet 9 tonnes en moyenne mais les 50 % les plus modestes sont à 5 tonnes, les 10 % les plus riches sont à 25 tonnes. Ce qui est frappant dans ces données, c'est qu'elles montrent à quel point nous nous trompons, y compris moi-même, dans le récit qui nous est fait sur la transition. Oui, tout le monde doit faire des efforts, mais ces efforts doivent d'abord concerner ceux qui polluent le plus. Quand Lucas Chancel explique que dans notre trajectoire pour respecter l'Accord de Paris en 2030, il faut que tous les Français soient à 5 tonnes, on comprend qu'il y a déjà une moitié des ménages français qui ont fait ce chemin, et que donc c'est aux autres de s'investir.

Je retiens aussi que l'outil principal qu'il propose pour résoudre tout ça, c'est de redistribuer, un peu comme Robin des Bois dans la forêt de Sherwood, en prenant aux plus riches pour donner aux plus pauvres. Évidemment, l'idée est séduisante mais ça me pose beaucoup de questions. L'État social dont il parle saurait-il gérer une telle transition ? Aujourd'hui, l'État n'est pas forcément très fort pour, par exemple, s'attaquer à la question de la formation, soutenir des secteurs en crise ou des territoires ruraux. Qu'est-ce qui nous garantit qu'il saura mieux faire demain en pleine révolution climatique ? Moi aussi, je suis persuadé que des centaines de milliers d'emplois peuvent être créés dans la transition, mais pour l'instant je dois bien reconnaître qu'on n'en voit pas vraiment la couleur, en tout cas pas massivement. Il me semble que c'est le sujet que devraient avoir en tête tous les responsables politiques pour ne pas rater la transition.

16.

Comment concilier démocratie et urgence climatique ?

avec Hélène Landemore

Hélène Landemore est professeure de théorie politique à l'université Yale. Elle a suivi de près les travaux de la Convention citoyenne pour le climat en 2020. Elle est l'autrice d'*Open Democracy : Reinventing Popular Rule for the Twenty-First Century* (Princeton University Press, 2020, non traduit).

Il y a quelques années j'ai vécu aux États-Unis – c'est là qu'est née ma fille. J'ai été frappé par le fait que dans ce pays, on vote pour tout. Pour le gouverneur, les maires, les conseillers municipaux, mais on vote aussi pour élire le shérif, le conseil de l'école ou les juges. Avec mon regard de Français sceptique, j'ai souvent ricané de ce processus bizarre qui fait parfois élire des dingues à des postes stratégiques. Il y a un épisode des *Simpson* qui caricature cette version locale de la démocratie. Homer Simpson se fâche avec les éboueurs de la ville de Springfield et décide de se présenter aux élections pour devenir le chef des éboueurs. Avec un slogan qui fait forcément rêver : « Est-ce que quelqu'un d'autre peut pas le faire ? », la promesse que quelqu'un d'autre s'occupera de vider vos poubelles, gérer vos ordures, balayer devant votre porte, et réglera tous vos problèmes. Évidemment, il gagne haut la main. Et évidemment c'est un désastre, la ville finit aux mains de la mafia.

Je pense parfois à cet épisode en lisant les messages que je reçois des auditrices et des auditeurs de *Chaleur humaine*. L'un des thèmes les plus présents, c'est cette idée que la démocratie telle qu'on la connaît aujourd'hui n'est pas un système très efficace pour faire face au changement climatique. Parce que les élus sont aux commandes pour une courte période et qu'ils se préoccupent surtout des problèmes immédiats qui se posent aux citoyens. Et même si le climat fait partie des sujets les plus importants pour une majorité de Français, beaucoup de responsables politiques savent que ce n'est pas toujours un sujet porteur pour être réélu. Et puis surtout parce que se faire élire sur l'idée qu'il va falloir être plus sobre, consommer moins, changer nos modes de vie, renoncer à un tas de choses auxquelles nous permettent d'accéder les énergies fossiles, ce n'est pas le programme idéal pour gagner.

J'ai été journaliste politique pendant plusieurs années, je discute encore souvent avec des parlementaires, des élus locaux, et je vois bien qu'ils ont la tentation de remettre ce sujet à plus tard, de se dire « Le climat c'est très important mais j'ai toujours plus urgent à régler ». J'entends une petite musique qui ressemble furieusement au slogan d'Homer Simpson : « Est-ce que quelqu'un d'autre peut pas le faire ? »

Notre système démocratique est-il compatible avec l'urgence climatique ? L'expérience de la Convention citoyenne pour le climat est-elle plutôt un modèle à suivre ou un échec cuisant ? De quels exemples peut-on s'inspirer pour faire progresser de front la démocratie et le climat ?

En France, dans les enquêtes d'opinion, on voit que le climat est très haut dans les préoccupations. Pour autant, ça ne se traduit pas nécessairement ni dans les programmes des candidats aux élections ni dans le résultat des votes. Pourquoi ?

Ce que m'a révélé l'expérience de la Convention climat, c'est qu'en fait elle était soutenue par une majorité dans l'opinion publique, quelles que soient ses propositions structurantes, même pour celles qui me paraissaient les plus coercitives comme la rénovation globale obligatoire de toutes les habitations, bâtiments publics et privés, d'ici 2040, il y avait un soutien de 75 % de la population ! Or on voit bien que ce n'est pas du tout reflété dans la loi Climat et résilience – qui est pourtant issue des recommandations de la Convention. Je pense qu'il y a vraiment un décalage entre ce que les gens veulent fondamentalement et ce qu'ils obtiennent par le biais de la démocratie électorale.

Que voulez-vous dire, que les politiques n'appliquent pas ce que veulent les citoyens ?

Oui. Je pense que notre conception de la démocratie comme : « les responsables politiques sont censés répondre à la demande des majorités » ne correspond pas à la réalité. Martin Gilens et Benjamin Page, des politologues américains, ont fait une étude de la correspondance entre ce que veulent les majorités aux États-Unis et ce qu'elles obtiennent dans le domaine des politiques publiques[1]. Ce qu'ils observent sur plusieurs décennies, c'est qu'il n'y a pas de corrélation entre ce que les majorités veulent et ce qu'elles obtiennent, une fois qu'on a pris en compte les préférences des 10 % les plus riches. Cela suggère que les majorités n'ont pas d'influence causale. Que ce qui détermine les politiques publiques et les lois aux États-Unis, ce sont les préférences des 10 % les plus riches.

Mais ce raisonnement a-t-il du sens dans un contexte européen ?

J'ai longtemps pensé que non, que c'était une aberration américaine, mais des chercheurs européens ont utilisé la même méthodologie en Allemagne, et ils ont trouvé le même résultat. Là encore, les classes moyennes et populaires ne semblent pas avoir d'influence causale sur les politiques publiques. C'est vraiment effrayant. Un travail assez proche a été conduit en Norvège, et là, il s'avère que ce ne sont pas les plus riches qui décident, ce sont surtout les classes les plus éduquées[2]. C'est sans doute un peu mieux, mais, là encore, s'agit-il de démocratie quand ce sont des minorités économiques ou éduquées qui décident ?

1. Gilens, M., et Page, B., « Testing Theories of American Politics : Elites, Interest Groups, and Average Citizens », *Perspectives on Politics*, 2014.

2. Elsässer, L., Hense, S., Schäfer, A., « Government of the People, by the Elite, for the Rich : Unequal Responsiveness in an Unlikely Case, *MPIfG Discussion Paper*, n° 18/5, Max Planck Institute for the Study of Societies, Cologne, 2018. Mathisen, R., « Affluence and Influence in a Social Democracy », *American Political Science Review*, 2023.

Cette vision ne risque-t-elle pas d'amener à une critique caricaturale du système représentatif, et donc à un désintérêt pour les élections ?

Cette vision peut en effet avoir une implication un peu populiste, c'est le danger. Mais en même temps, s'il est démontré qu'un système électoral a des conséquences ploutocratiques systématiques, il va falloir qu'on se pose la question : vit-on vraiment dans des démocraties ? Je défends maintenant la thèse un peu radicale – et peut-être même un petit peu populiste selon certains – qu'au fond c'est le système électoral qui conduit à ces conséquences, que ce n'est pas un accident. Aristote, Montesquieu, Rousseau, et récemment Bernard Manin en France, l'évoquaient déjà, sans forcément en tirer les mêmes conclusions. Ils disent qu'au fond l'élection est un mode de sélection oligarchique qui permet d'identifier les notables, et qu'on envoie au pouvoir toujours les mêmes, c'est-à-dire les membres des classes supérieures. En soi, ce n'est pas forcément mauvais, les gens sélectionnés sont souvent très compétents, mais c'est juste que l'homogénéité de leur groupe fait qu'ils ne voient, ne comprennent et ne s'intéressent qu'aux problèmes des gens qui leur ressemblent. Et même quand ils s'intéressent aux problèmes des classes populaires, ils ne comprennent pas forcément ce dont elles ont besoin. Le risque, c'est une déperdition d'intelligence collective.

Mais on pourrait aussi penser qu'il y a des gens qui sont mieux informés sur les sujets. Par exemple, sur le climat, pour arriver à nos objectifs, n'est-ce pas une bonne chose de confier cette mission à des élus qui sont capables de comprendre ces enjeux complexes ?

C'est une intuition qu'on partage tous, nous sommes tous un peu élitistes en quelque sorte. Sauf qu'en pratique ce n'est pas ce qu'on observe ! Ce qui me frappe, c'est que la Convention climat, qui était composée de gens tirés au sort, a fait des propositions bien plus radicales que ce que n'a jamais fait le Parlement français. Il y a deux explications possibles. On peut dire que c'est une question cognitive, mais ce serait surprenant que le Parlement, avec tous ces élus éduqués, ne voie pas le problème. Ou alors, il y a une explication plausible, celle des conflits d'intérêts. Les citoyens tirés au sort ne sont pas financés par qui que ce soit, ils n'ont finalement de comptes à rendre qu'à leurs pairs et à leur conscience, alors que pour les élus… ce n'est pas facile de s'aliéner les lobbys.

Et puis ce n'est pas forcément en étant très éduqué que l'on trouve les bonnes réponses. Par exemple, en 2018, le gouvernement a cru qu'un geste technique allait répondre aux problèmes écologiques en se disant qu'ils allaient financer la transition écologique avec une taxe carbone. Résultat : le mouvement des Gilets jaunes a fait surface. Le gouvernement n'avait pas du tout anticipé l'impact sur les classes moyennes et populaires périurbaines de cette augmentation des coûts à la pompe tous les mois.

Cette critique du système représentatif ne risque-t-elle pas d'alimenter l'idée que seul un régime autoritaire peut résoudre les enjeux climatiques ?

Je ne nie pas que les idées sont dangereuses et que la critique du système peut l'être également, mais je ne me contente pas de la critique, j'offre des solutions qui me paraissent plus démocratiques. Il ne faut pas s'arrêter à la vision de la démocratie électorale, qui en fait n'est pas si ancienne que ça. Je pense qu'on peut essayer d'envisager des réformes qui donneraient plus de poids aux citoyens ordinaires, qui ont une expertise d'usage qui n'est pas prise en compte au niveau des politiques publiques. Ce que j'essaie de faire, c'est de nous inviter à reprendre ce terme de démocratie et de nous demander si vraiment nous avons trouvé le cadre idéal – et je pense que ce n'est pas le cas.

Mais les plus fortunés ne seront pas forcément les plus perdants de la transition. On peut penser aux emplois menacés dans plusieurs secteurs, aussi divers que le ski ou la pétrochimie.

Absolument, mais la Convention climat a aussi montré que les gens sont capables de penser au-delà de leur intérêt économique étroit. Si on leur donnait les moyens de participer à la transition, avec un système juste dans lequel ils seraient en partie compensés pour la perte de salaire ou la formation, beaucoup de citoyens seraient partants ! Une minorité serait peut-être réfractaire mais, quand on leur donne l'occasion de s'exprimer, ils en ont plutôt envie. D'ailleurs, c'est intéressant de voir que parmi les participants à la Convention climat, beaucoup ont radicalement changé leur mode de vie, certains ont quitté leur métier, d'autres sont partis faire autre chose de plus compatible avec leurs convictions écologiques. Si on pense la démocratie sur un mode plus diversifié, notamment sur la base du tirage au sort, sur la base de la délibération et de l'intelligence collective, cela ouvre de nouvelles possibilités. Je ne dis pas que c'est la panacée ou que c'est simple, mais il faut bien commencer quelque part !

La Convention citoyenne pour le climat avait pour mission de trouver des solutions afin de faire baisser les émissions de la France dans un esprit de justice sociale. Finalement, de nombreuses propositions n'ont pas été reprises ou ont été amoindries dans la loi. Vous trouvez pourtant que cette expérience était un succès démocratique, pourquoi ?

C'est une avancée historique parce que c'est la première fois qu'on a donné aux citoyens le rôle de quasi-législateur. Ce que le président Macron leur demandait était énorme. Au début, j'étais même sceptique, je ne pensais pas qu'ils étaient capables de le faire. Il leur a demandé, sur un sujet, technique, avec des dimensions très complexes, de faire des propositions de lois, en coconstruction avec des experts, des juristes, et il a promis de les appliquer soit directement, soit en passant par le Parlement, soit par référendum. Du coup, le Parlement a vécu cette situation comme une compétition. D'une certaine manière, cette Convention citoyenne est l'assemblée à qui on a donné le plus de pouvoir jusqu'ici. Alors, les promesses n'ont pas été tenues, malheureusement : il n'y a pas eu de référendum, les propositions ont été très amoindries au Parlement, mais malgré tout cela reste un précédent. Même moi, qui suis ces débats de près, je n'envisageais pas avant cela la possibilité de citoyens législateurs en tant que tels. J'imaginais plutôt les assemblées citoyennes comme des lieux dans lesquels on définit un agenda général. Avec cette expérience, on a eu l'occasion de vérifier que les citoyens sont capables de fournir le travail nécessaire. Le pari d'Emmanuel Macron, c'était de se dire : « Ils vont faire ça avec des experts, ça va aller. » Mais, en réalité, les experts ou les juristes n'étaient pas toujours présents et ce sont donc les citoyens qui ont formulé des solutions, qui se les sont appropriées, qui ont voté sur les reformulations juridiques ou techniques. De ce point de vue, c'est un beau succès.

En quoi des citoyens tirés au sort seraient-ils plus légitimes qu'un député élu par les habitants de sa circonscription ?

La raison pour laquelle on fait appel à des assemblées tirées au sort et à tous ces processus délibératifs et participatifs nouveaux, c'est justement parce que la représentation électorale est en crise de légitimité profonde. Depuis des années, le taux d'approbation des élus dans l'ensemble des démocraties occidentales est extrêmement bas. C'est d'ailleurs pour cette raison qu'il y a, d'une part, des mouvements sociaux, des contestations permanentes et, de l'autre, une tentation autoritaire. D'ailleurs, si on n'ouvre pas ces questions de légitimité de représentation à un public plus large, on risque de se retrouver avec le basculement vers des solutions autoritaires, voire fascistes. La question de la légitimité n'est pas réglée par le fait de dire : « Ils sont élus ! » L'élection est un début, après il faut continuer à mériter d'avoir été élu. À l'inverse, on peut penser la légitimité des citoyens tirés au sort sur une autre base – et notamment sur le fait qu'il s'agit d'assemblées plus représentatives de l'ensemble du peuple.

Aurait-il fallu organiser un référendum à l'issue de la Convention, comme cela avait été évoqué à un moment ?

C'était une très bonne idée, mais, au-delà des obstacles juridiques, ce qui a refroidi les citoyens, c'est notamment le rôle des réseaux sociaux. Ceux qui siégeaient à la Convention étaient dans leur bulle au palais d'Iéna et se sont vus accusés d'être des « Khmers verts », ou alors, au contraire, d'être aux mains des lobbys ou des experts. Pourtant, il y avait à l'époque des sondages – qui n'ont pas été révélés aux citoyens de la Convention – qui montraient que sur l'essentiel des propositions toute la France était d'accord. À l'exception de la volonté de réduire la vitesse sur l'autoroute à 110 km/h.

Quels enseignements tirer de cette expérience ? Faut-il multiplier ce type d'assemblées citoyennes au niveau local ?

Absolument. Il est possible de le faire à tous les niveaux et de déléguer du pouvoir à des citoyens tirés au sort. C'est une excellente manière d'infuser nos institutions avec de l'intelligence collective de citoyens ordinaires. Une première étape serait, par exemple, d'institutionnaliser une assemblée permanente sur le climat, avec des citoyens tirés au sort qui seraient remplacés tous les ans – ce qui permettrait de se projeter sur un agenda à long terme.

Comment faire pour suivre la mise en œuvre de ces politiques et évaluer si on avance dans la bonne ou la mauvaise direction ?

On en revient à cette question de légitimité. Il faut qu'on arrive à donner une légitimité institutionnelle à ces assemblées pour qu'elles puissent prendre des décisions et les voir appliquer. Concrètement, cela veut dire qu'il faut une modification constitutionnelle ou que le Parlement accepte de perdre du pouvoir au profit de ces assemblées sur des questions climatiques afin que le système fonctionne mieux et qu'on arrive à des solutions. C'est radical comme perspective ! Un bon exemple pourrait être la région de Bruxelles, en Belgique, qui a créé une assemblée permanente tirée au sort sur le climat et qui travaille sur ces questions sur le long terme ; le problème, c'est qu'elle n'a pas de pouvoir décisionnaire. Or tant que cela reste des instances consultatives, je ne vois pas comment les choses peuvent changer.

Quels autres pays ont mis en place des conventions citoyennes ? En Irlande, le procédé a été utilisé sur l'avortement ou le mariage pour tous par exemple.

La première convention irlandaise a été hybride avec deux tiers de citoyens et un tiers de parlementaires. La suivante, celle sur l'avortement, s'est faite uniquement avec des citoyens tirés au sort, sur l'avortement, entre autres sujets. Elle a fait des recommandations de décriminalisation de l'avortement, de retirer l'article 8 de la Constitution irlandaise qui rendait criminel l'acte d'avorter. Cela a été transmis au Parlement, qui a soumis la question à un référendum, qui a approuvé la recommandation des citoyens. C'était une espèce de cercle vertueux avec une assemblée citoyenne consultative, des parlementaires qui ont pris au sérieux cette recommandation, qui l'ont immédiatement mise entre les mains des majorités, qui a abouti à un vote majoritaire qui confirmait le fondement de ce raisonnement. C'est vraiment un scénario idéal.

Mais c'est une situation assez différente : la question climatique regroupe des sujets très divers, le logement, les transports, le rapport au travail, l'aménagement du territoire, l'agriculture, etc. On ne parle pas d'une seule mesure phare mais d'une dimension systémique.

Justement, je ne vois pas comment on peut y arriver autrement. Il serait d'ailleurs essentiel de connecter cette assemblée à l'échelle nationale à des assemblées similaires à l'échelle régionale. J'aimais bien le modèle du Grand Débat national, il y avait eu vingt et une assemblées régionales différentes. C'est plutôt dans ce sens-là qu'il faudrait aller : on commence par des assemblées régionales qui font remonter du contenu, qui est ensuite synthétisé et utilisé par une assemblée au niveau national. Il y a plein de modèles possibles ; en réalité, il faudrait qu'on expérimente plus, et aussi à plus grande échelle.

La seule expérimentation que je connaisse sur le climat au niveau global a été menée par des activistes et des universitaires qui ont créé une assemblée mondiale de citoyens pour le climat. C'était un prototype, ils avaient cent personnes, un berger afghan illettré, une couseuse brésilienne, des Chinois, rassemblés par un tirage au sort un peu spécifique, sur la base de coordonnées géographiques. Une des recommandations qui sont sorties de cette petite assemblée qui a duré quelques semaines, c'était d'instituer un crime d'écocide au niveau mondial. C'est intéressant parce que c'était exactement l'une des recommandations de la Convention française – mais le Parlement français a transformé cela en délit, ce qui est beaucoup moins puissant. C'est vrai que si on ne le fait pas au niveau mondial, cela ne fonctionne pas, on saborde des entreprises françaises qui vont se retrouver attaquées en justice partout dans le monde alors que leurs concurrents sont complètement libres de polluer les mers et de détruire la faune et la flore. Donc, effectivement, il y a quand même un problème d'échelle et certaines questions doivent se résoudre au niveau mondial.

La question personnelle

La convention citoyenne sur le climat vous a-t-elle fait changer d'avis sur le poids des actions individuelles ?

Oui. Au début, je me suis dit : « Mais au fond, pourquoi une convention sur le climat en France, qui représente 1 % des émissions de gaz à effet de serre ? », j'étais un peu sceptique. L'argument avancé par les conventionnels était de dire au contraire que la France devait être exemplaire pour lancer une dynamique. Avec le recul, ils avaient absolument raison. Et c'est vrai aussi de mon comportement individuel ! Toutes nos actions sont liées, on n'est jamais dans l'individualisme pur. Le fait d'expliquer que maintenant je ne vais plus prendre l'avion sans raison, je pense que ça fait réfléchir mes collègues. Même si ça influence peu de gens, on ne sait pas jusqu'où cet exemple peut changer les choses. Et ce n'est pas parce qu'on ne peut pas le quantifier que ça ne compte pas.

Ce que je retiens

La première chose que je retiens de cette conversation, c'est l'analyse d'Hélène Landemore sur la Convention citoyenne sur le climat. Jusqu'ici, j'avais plutôt considéré que la vraie leçon à tirer de cette expérience c'était d'abord qu'avec une bonne formation tout le monde pouvait comprendre les enjeux climatiques et ses ordres de grandeur et que c'était déjà pas mal. Mais Hélène Landemore va plus loin, elle dit que cette expérience prouve qu'on aurait de meilleurs résultats dans nos politiques climatiques si on faisait confiance à des citoyens choisis au hasard plutôt qu'au Parlement ; c'est quand même assez détonant comme idée. La deuxième chose, c'est son raisonnement assez radical sur la démocratie et son fonctionnement, cette idée que la démocratie représentative reflète surtout les intérêts des plus riches. C'est à la fois séduisant et assez dérangeant, mais c'est vrai que quand j'applique cette grille de lecture aux politiques climatiques j'y vois l'une des raisons des échecs de la taxe carbone, de la rénovation thermique des bâtiments, du développement de l'énergie solaire. En faisant arriver les politiques climatiques d'en haut, on prend le risque qu'elles ne soient pas comprises. Sa solution, c'est d'inclure au maximum les citoyens de toutes les catégories de population dans l'élaboration et dans la prise de décisions.

La troisième idée, c'est cette proposition de créer une assemblée permanente sur le climat avec des citoyens tirés au sort qui sont renouvelés chaque année. J'aime bien cette proposition, elle donnerait de la chair à une démocratie climatique dont nous avons bien besoin. Même si j'ai un peu de mal à voir comment ça pourrait fonctionner et notamment comment ça pourrait s'imbriquer avec les institutions existantes que sont le Sénat, l'Assemblée nationale, etc. Mais je dois dire que je suis aussi assez gêné par une partie de son raisonnement. D'abord, ce n'est pas tout d'avoir de très bons processus de décisions démocratiques, il faut ensuite mettre en œuvre les politiques climatiques, et rapidement, parce qu'on n'a pas toute la vie, et là je ne sais pas trop si multiplier les conventions citoyennes pourrait améliorer les choses. Et puis, il y a aussi dans cette réflexion un risque que d'ailleurs Hélène Landemore reconnaît, et qui m'inquiète beaucoup, le risque

que cette critique d'institutions déjà fragiles ouvre la voie à une réponse plus autoritaire qui prétendra être plus efficace, et là, ce ne sera plus du tout démocratique. Pour moi, le point le plus éclairant de cette conversation c'est quand même cette idée assez réjouissante que tout le monde peut s'emparer de la question climatique et élaborer des propositions intelligentes par la discussion collective. C'est passer de « Quelqu'un d'autre peut pas le faire » à « En fait, tout le monde peut le faire ». Certes, ça ne résout pas tous les problèmes qui sont sur notre liste, mais tout de même, ça nous donne des perspectives assez intéressantes.

17.

Comment ne pas déprimer ?

avec Laelia Benoit

Pédopsychiatre et sociologue, Laelia Benoit est chercheuse associée au Centre de recherche en épidémiologie et santé des populations de l'Inserm, à Paris. Elle mène une vaste étude sur l'impact du changement climatique sur le bien-être et la santé mentale des enfants et des adolescents au Yale Child Study Center à l'université Yale (États-Unis).

J'ai passé mon enfance et mon adolescence dans une forme d'insouciance. Pourtant, je suis né au Liban, un pays qui n'est pas toujours réputé pour la facilité de la vie sur place. Mais j'ai eu la chance de grandir en France et, dans les années 1990, celles de mon adolescence, on connaissait la peur du chômage, celle du sida, mais on avait encore l'idée qu'on allait vivre dans un monde meilleur que celui de nos parents. Nous, nous avions Freddie Mercury, la série *Highlander* et *Les Chevaliers du zodiaque* : de quoi nous rendre invincibles.

Maintenant, je suis moi-même père et parfois je calcule : en 2050, ma fille aura 35 ans, mon fils 29. Autrement dit, ils seront plus jeunes que moi aujourd'hui, et quand j'y pense je m'inquiète du monde dans lequel ils vont grandir, qui risque d'être plus compliqué et surtout plus chaud que celui d'aujourd'hui. Je suis donc forcément sensible au fait qu'une partie de la jeunesse soit très inquiète face au changement climatique. Quand on comprend que le futur risque d'être absolument invivable, il y a de quoi en vouloir aux générations précédentes. Or les générations précédentes, en partie, c'est moi.

Deux chiffres. En France, 90 % des étudiants se disent inquiets de la crise écologique et 75 % des 15-17 ans sont pessimistes pour l'avenir. Cette angoisse générationnelle porte un nom : l'éco-anxiété. Comment faire pour ne pas être dévoré par cette angoisse ? Pour ne pas paniquer en regardant sur Instagram la forêt amazonienne qui brûle et les koalas australiens qui meurent ? Comment ne pas sombrer dans la dépression alors que les réponses à la crise climatique sont insuffisantes ?

En 2017, les professionnels ont défini l'éco-anxiété comme une « détresse émotionnelle, mentale ou physique face à la crise climatique ». On parle aussi de « peur chronique » des catastrophes environnementales. S'agit-il d'une nouvelle pathologie ?

Mettons-nous d'emblée d'accord sur le fait que toutes les associations de professionnels qui s'occupent d'éco-anxiété, notamment l'Association américaine de psychologie et l'Alliance pour la psychologie climatique, considèrent que ce n'est pas une maladie. Elles s'accordent à dire que l'anxiété est une réponse inévitable, et même saine, aux menaces écologiques auxquelles nous sommes confrontés. Donc, ce ne sont pas les personnes éco-anxieuses qu'il faut soigner, mais le changement climatique qu'il faut arrêter !

Quand un adolescent vient vous voir, vous ne pouvez donc pas lui prescrire de traitement médicamenteux ?

Si on médicalisait, on individualiserait le problème et, logiquement, on concentrerait nos efforts sur la recherche d'un médicament miracle. Or on n'a pas le temps actuellement de perdre des décennies d'efforts et d'argent sur ce point au lieu de s'intéresser à la crise climatique. L'équation est en fait assez claire : pas de changement climatique, pas d'éco-anxiété.

Vous avez interrogé plusieurs centaines de jeunes pour les études que vous menez. Que disent-ils ?

À l'exception de certains enfants au Brésil, issus de milieux extrêmement défavorisés et qui n'ont vraiment aucune notion du changement climatique, tous sont inquiets dès lors qu'ils ont un minimum d'informations. Ils disent qu'ils aimeraient trouver des solutions. Souvent, ils ont pas mal d'enthousiasme pour se lancer dans des activités, pour faire leur part. Ils disent aussi qu'ils aimeraient en savoir plus, qu'ils recueillent leurs informations soit sur Internet, soit en famille, dans les familles qui parlent. Dans les familles où l'on ne discute pas de ce sujet – surtout des familles défavorisées –, les enfants sont informés grâce à l'école. Donc je pense qu'il ne faut pas sous-estimer le rôle de l'école dans ce qu'ils apprennent.

C'est vrai que la question des origines sociales est importante. On a vu cette vidéo de remise de diplômes aux étudiants d'AgroParis-Tech, où des jeunes appelaient à déserter les entreprises face à la crise climatique. Ce questionnement-là n'est-il pas celui de privilégiés ?

Au contraire. Les études montrent que les minorités sont plus inquiètes et ressentent un plus grand sentiment d'urgence que les populations majoritaires. Chez les adolescents, les jeunes Américains, noirs et hispaniques par exemple, ressentent un grand sentiment d'urgence. Et ce résultat est cohérent avec des études menées auprès des adultes, qui elles aussi révèlent des populations vulnérables plus inquiètes. Les femmes, les personnes qui ont un faible statut économique et les minorités ethniques sont aussi plus inquiètes.

Ces données viennent contredire l'idée reçue selon laquelle l'écologie serait un problème de riches, que, lorsqu'on n'a pas d'autres problèmes, on a le temps de s'occuper d'écologie. En fait, ce n'est pas vrai. Les minorités sont inquiètes et, à juste titre, parce qu'elles savent très bien que quand la situation climatique va s'aggraver on entrera dans du chacun pour soi, et qu'elles seront les premières laissées-pour-compte.

Justement, cette montée générale de l'éco-anxiété est-elle réservée à la jeunesse ou peut-on dire que le phénomène touche la population entière ?

L'éco-anxiété touche beaucoup de personnes et n'est certainement pas réservée aux jeunes. Le dernier rapport du Yale Program on Climate Change Communication, aux États-Unis, montre que sept Américains sur dix sont préoccupés par le changement climatique, alors qu'on ne s'attendait pas à ce que les Américains se sentent les plus concernés. Et même aux

États-Unis, où le climatoscepticisme est important, ce phénomène recule. Actuellement, il n'y a plus que deux Américains sur dix qui doutent de l'existence du changement climatique ou qui n'y croient pas. Donc, on observe vraiment une augmentation de l'inquiétude générale – y compris dans un pays qui n'est pas connu pour être leader en termes d'écologie. Et surtout, le résultat le plus intéressant, à mes yeux, c'est que désormais un Américain sur trois se déclare très inquiet du changement climatique. On assiste donc vraiment à une montée en puissance de l'inquiétude. C'est même désormais l'opinion la plus fréquente aux États-Unis. Dans les études, les gens qui sont « très inquiets » sont plus nombreux que ceux qui se disent « un peu inquiets » et que ceux qui ne s'y intéressent pas ou doutent.

En matière de climat, contrairement à beaucoup d'autres sujets, plus on est informé, plus on est inquiet, non ?

C'est ce qui se passe quand le problème est complexe et qu'il y a des effets de chaîne. Sur le climat, l'action qu'on mène, nous citoyens, n'a pas nécessairement un impact direct visible. Donc, finalement, les responsabilités se diluent, et cela crée de l'inquiétude car on aimerait pouvoir contrôler un minimum la réalité.

Pour revenir à ce que vous disiez sur la jeunesse, cette absence de prise directe sur un phénomène dont sont responsables les générations plus âgées revient-elle souvent dans les entretiens que vous menez ?

Sur dix jeunes, huit sont préoccupés par le climat et six se disent extrêmement anxieux, selon les données de l'équipe de Caroline Hickman, du Royaume-Uni, qui a interrogé dix mille jeunes âgés de 16 à 25 ans dans dix pays différents, y compris en France. Cela montre qu'ils ressentent les choses de manière encore plus vive que les adultes. La moitié d'entre eux disent ressentir tout à la fois de la tristesse, de l'anxiété, de la colère, de l'impuissance et de la culpabilité. Tout ça d'un coup ! Et trois sur quatre appréhendent le futur. Donc, effectivement, c'est beaucoup.

Mais ce n'est pas simplement la situation climatique, les sécheresses ou les incendies qui sont angoissants, c'est aussi la sensation d'un manque de mobilisation sur un sujet aussi important…

C'est exactement ça. Ce qui suscite leur angoisse, c'est l'inaction climatique de notre société, alors qu'on fait face à un changement climatique très menaçant. Ce n'est pas le changement climatique seul qui inquiète, mais le fait qu'on ne fasse rien, qu'on y assiste en spectateur impuissant. Constater l'inaction climatique et ne rien pouvoir faire confronte certains adolescents à une impression d'irréalité. Ils voient les gens continuer leur vie comme si de rien n'était ; se lever le matin, aller au travail, le gouvernement faire des promesses qu'il n'a pas vraiment l'intention de tenir. Et ils voient que finalement, pour eux, l'urgence du moment est de préparer le prochain contrôle de latin…

Certains ont même l'impression que le quotidien est un peu comme un de ces films dystopiques où le personnage principal est le seul à être lucide, dans un environnement de personnes prises dans une illusion ou contrôlées par une force extérieure. Vous savez, ces autres personnages qui ont l'air d'être des humains mais qui sont en fait des humanoïdes, un peu robots. Et on ne peut pas vraiment interagir avec eux…

Ou alors ils seraient dans ces films où on revit tous les jours une même journée qui n'en finit pas de se répéter. Donc, certains adolescents ont vraiment l'impression qu'il y a un bug dans la matrice. Cette sensation que notre propre vie n'est pas réelle s'appelle, en psychologie, la déréalisation. C'est un automatisme qui sert à se protéger quand on est confronté à une violence. Les victimes de traumatismes ou d'abus savent très bien ce que sont les expériences de déréalisation, ces moments où ils ont l'impression de ne pas être là. Et le fait que certains jeunes nous disent qu'ils ont besoin de se déconnecter de la réalité pour supporter l'absurdité du quotidien nous dit quelque chose de la violence de l'inaction climatique.

Il y a aussi parfois un décalage de perception entre les générations. On a entendu beaucoup de commentaires dans les médias autour de la personnalité de Greta Thunberg, l'activiste suédoise pour le climat. De l'ancien ministre de l'Éducation nationale Luc Ferry, qui dit que « ce ne sont pas les gamins qui vont résoudre le problème du climat », au philosophe Alain Finkielkraut, qui trouve « lamentable que l'on s'incline devant une enfant », pointe l'idée que cette jeunesse donneuse de leçons exagère l'ampleur du problème…

Moi, je pense que l'inaction climatique est un abus contre la jeunesse et que plusieurs obstacles nous empêchent d'agir efficacement. D'abord, le fait qu'on est dans une société dont le modèle économique est fondé sur l'idée que les ressources sont inépuisables et qu'on ne peut pas vraiment abîmer la planète. Ensuite, nous rencontrons des difficultés réelles à planifier le changement. S'adapter est complexe, tout seul on n'y arrive pas. Nous avons besoin de collectif pour y parvenir. Enfin, nous peinons à envisager de réduire notre confort, alors que nous n'y sommes pas encore tout à fait contraints. Et un autre obstacle important mais qu'on ne voit souvent pas, c'est que notre société méprise les jeunes, en particulier les enfants ; c'est ce qu'on appelle l'« infantisme ». Ce biais nous empêche d'écouter sincèrement l'anxiété climatique des plus jeunes.

Une partie des générations plus âgées estime que la jeunesse se servirait de cette éco-anxiété pour éviter de se soumettre à certaines contraintes qui leur étaient imposées : entrer dans le monde du travail, prendre un crédit immobilier, acheter une voiture…

Je me souviens de l'intervention d'un journaliste lors d'une matinale à la radio, en septembre 2019, au moment des manifestations dans le monde entier et de la grève pour le climat, à l'initiative de Greta Thunberg. Tout goguenard, il lance : « Oh là là ! C'est étonnant, ces enfants qui manifestent, alors qu'à leur âge on s'intéresse plutôt à la couleur de sa trousse. » Il était jovial, assez content de lui, il pensait avoir été spirituel en présentant les ados comme des consommateurs égocentriques. Mais ce n'était pas drôle, cela relevait d'une vision très réductrice et dégradante. Personne n'a commenté parce que ce genre d'attitude fait partie du registre habituel de l'humour collectif sur le dos des enfants et des adolescents. La banalité de ce mépris m'a choquée, moi qui travaillais en consultation et voyais des adolescents tous les jours avec leurs parents à la Maison de Solenn, à Paris. Je me suis mise à pleurer devant mon petit déjeuner ; pleurer de douleur et d'indignation parce que, en fait, ce journaliste ne comprenait rien aux enfants et aux adolescents. Au lieu de s'intéresser à ce qu'ils étaient en train de faire – manifester pour le climat –, il se moquait d'eux.

Ce mépris collectif envers les jeunes et les enfants, qui crée de la connivence entre les plus âgés sur le dos des plus jeunes, a donc une fonction sociale. Il permet de désigner un « autre » et de l'exclure pour mieux consolider son groupe. C'est un mécanisme classique, assez proche de la cohésion entre certains hommes qui essaient de créer un groupe en se montrant misogynes. Dans le cas de l'infantisme, cela est lié à la peur que la génération nouvelle chamboule nos habitudes et nous force à changer.

Cela dit, on peut comprendre qu'il y ait des gens qui ont travaillé toute leur vie, qui sont contents de pouvoir enfin se payer des vacances au soleil – peut-être en avion – et vivent très mal d'avoir leur fille ou leur fils de 17 ans qui vient leur faire la morale, leur dire de remettre en cause le confort qu'ils ont acquis : la voiture, les voyages, l'alimentation.

Oui, personne n'aime être pointé du doigt, et il n'est pas simple de se remettre en question, moins encore quand on est accusé. Donc, on peut avoir tendance à essayer de se défendre et à renvoyer la balle. Certains adultes s'empressent de caricaturer les jeunes et focalisent le problème sur les enfants et les adolescents au lieu de parler du climat. Le problème serait qu'ils sèchent l'école, et pas vraiment que la planète se réchauffe. Évidemment, cela permet d'éviter de devoir rendre des comptes, d'éviter de perdre en confort. Et puis, au passage, se moquer des jeunes permet de se détourner de sa propre culpabilité. Vous savez, quand on ne se sent pas bien, on a tendance à essayer de trouver un bouc émissaire. C'est immature, mais tellement fréquent.

Il y a aussi des adultes bousculés par leurs ados qui changent de trajectoire en voyant ces inquiétudes monter. À l'inverse, on peut aussi se dire que cette même jeunesse, pétrie d'angoisse, achète des vêtements fabriqués à l'autre bout du monde et rêve de Dubaï sur Instagram…

Évidemment, ils sont soumis à des tentations contradictoires. Comme nous tous d'ailleurs. Ils ont envie de consommer et aussi de contribuer. Et c'est là qu'on peut parler d'infantisme, quand on en vient à s'attacher tellement à ces contradictions qu'on conclut à l'étrangeté de cette jeunesse. Et c'est là aussi qu'on tombe dans la caricature. On va dire que ce sont des activistes velléitaires occupés à sécher l'école plutôt qu'à changer les choses. Ou alors on va les voir, à l'opposé, comme une génération héroïque, enfin là pour sauver le monde et qui va résoudre le changement climatique bien mieux que nous.

Finalement, on est dans une image soit dégradée, soit idéalisée. Et c'est le signe de la déshumanisation, le signe qu'on ne voit pas l'autre pour ce qu'il est, mais comme une sorte de caricature. Ce sont des préjugés, la définition même de l'infantisme. Pour en finir avec ce comportement, il faut faire l'effort d'imaginer ce que c'est qu'avoir 9, 12 ou 15 ans en 2022. Il faut se mettre à leur place et imaginer qu'on est en train de grandir au début d'une crise climatique, qui ne va faire qu'empirer au long de notre existence. Il faut imaginer qu'on se prépare le matin à aller faire une manifestation pendant qu'un journaliste à la radio s'étonne qu'on ne s'intéresse pas à la couleur de sa trousse.

L'infantisme est très fort dans notre culture et est complètement banalisé. Si ce même journaliste avait dit ce matin, en parlant d'un groupe de femmes qui allaient manifester, que c'était étonnant qu'elles ne soient pas plutôt intéressées par la couleur de leur vernis à ongles, cela aurait créé un tollé. Mais, comme ce sont des enfants et des adolescents, on trouve normal de considérer qu'ils sont finalement un peu inférieurs. Tout cela pour dire qu'il faut qu'on les regarde très sérieusement parce que, sinon, on ne pourra pas vraiment les aider.

Que conseillez-vous aux jeunes quand vous les voyez en entretien ?

Je leur conseille de commencer par agir, même à l'échelle locale. En fait, ils ont souvent l'impression que leurs actions n'ont aucun impact. En un certain sens, elles ont effectivement un très faible impact. Mais, mises bout à bout, nos actions individuelles ont un impact sur à peu près 30 % de la production de carbone annuelle ; 30 % ce n'est pas 100 %, certes, et on peut dire que la grande majorité des émissions ne dépend pas directement de nous, mais enfin ce n'est pas rien non plus. Si tout le monde diminuait, on arriverait déjà à faire beaucoup de choses.

Ces 30 % dont vous parlez, ce sont les actions individuelles : adapter son alimentation, changer les modes de transport…

Tout à fait. C'est la résultante de toutes les actions individuelles. Et les 70 % sont la résultante des décisions de notre pays. Par exemple, en France, on émet moins de gaz à effet de serre dans notre production d'électricité grâce à notre parc nucléaire. Ce sont des choix structurels qui ne dépendent pas de nous directement. Ils peuvent dépendre de nous à moyen terme, de notre vote, des politiques qu'on soutient, mais, à l'échelle d'une année, ça ne dépend pas directement de nous.

Vous parlez des actions à mener. Elles peuvent prendre des formes très différentes. À votre avis, par quoi faut-il commencer ?

Déjà, il faut pouvoir parler, engager la conversation sur le changement climatique, pour sortir de la paralysie. Or beaucoup de jeunes et d'adolescents sont inhibés, en dépit de leurs fortes préoccupations. Des études montrent que, même quand ils s'inquiètent, ils ne vont entamer une discussion ni avec leurs parents, ni avec leurs profs, ni avec leurs amis. Quand je les ai interrogés, ils disaient avoir peur d'aborder un sujet démoralisant pour le groupe, de plomber l'ambiance, ou alors d'être taxés de prosélytisme, d'être les écolos de service. Donc, en tant qu'adultes, nous sommes les seuls à pouvoir entamer cette conversation.

Ensuite, l'important, à mes yeux, c'est de concentrer nos efforts sur des réalisations à notre portée. Par exemple, des études menées sur les campagnes de communication de la fin des années 1990 et du début des années 2000 sur le changement climatique ont montré qu'elles avaient eu des effets plutôt délétères[1]. Si vous vous souvenez bien, on y voyait un ours sur son glaçon au milieu de sa banquise fondue et on se disait : « Mon Dieu, c'est absolument horrible ce qui arrive à cet ours, mais que puis-je faire pour lui ? » Étant loin de la banquise, il n'y avait aucun effet de chaîne visible entre une action réalisable ici et le destin de l'ours. Évidemment, s'il avait suffi de fermer l'eau en se brossant les dents pour que la banquise se reconstitue sous l'ours, on aurait été les premiers à le faire… Mais l'absence de lien direct entre notre quotidien, notre action, et ce qu'on voyait sur l'affiche a été

1. Stoknes, P. E., « What we Think About When we try not to Think About Global Warming », Chelsea Green Editions, 2015 (non traduit).

contre-productif, car elle a suscité un sentiment de paralysie. En fait, on considère maintenant que ce type de campagne nous a retardés dans l'action climatique. Agir, c'est agir sur des choses sur lesquelles on a un peu d'impact, où l'on arrive à voir ou évaluer un résultat.

L'engagement militant peut lui aussi être assez déprimant. Un militant syndical obtient des augmentations de salaire, de meilleures conditions de travail, concrètes ; l'engagement pour le climat, en revanche, peut créer de l'angoisse et de la déprime, avec le sentiment que, justement, on ne progresse pas assez vite…

On a envie de bien faire quand on milite, mais les militants de longue durée vous disent tous qu'il faut équilibrer sa vie entre sa propre santé, son bien-être et son engagement. Donc il faut pouvoir être persévérant et modeste, c'est-à-dire savoir qu'on ne changera pas tout d'un seul coup. Peut-être même est-ce sensé de ne choisir qu'un objectif. Il est risqué de s'éparpiller, alors que les journées ne font que vingt-quatre heures et que les changements se font sur le long terme. Ce n'est pas en une année que l'impact sera visible, alors il faut garder des forces pour continuer.

S'engager peut prendre d'autres formes : par exemple, s'investir dans une copropriété pour rénover l'immeuble, dans une association sportive ou culturelle, un lieu de culte. Est-ce que cela peut aider aussi ?

Effectivement, c'est ce que j'entends par action collective. On peut rejoindre une association internationale ou nationale, mais on peut aussi rejoindre le syndic de copropriété et favoriser l'isolation des bâtiments, participer à la mairie ou au comité d'entreprise, à un syndicat. On peut planter des arbres dans sa ville pour lutter contre les îlots de chaleur urbaine. On peut s'investir dans l'école de son enfant, organiser une vente de vêtements d'occasion en dehors de la kermesse, pour récolter des fonds, ce qui permet d'éviter d'acheter des vêtements neufs... Donc on n'est pas obligé de s'insérer dans une démarche très militante et politisée. Agir collectivement, ça veut juste dire ne pas rester là à éteindre les lumières et à culpabiliser d'avoir mangé de la viande une fois tous les six mois. C'est en fait participer à quelque chose d'un peu plus grand que soi. Même si c'est juste une kermesse à l'école, c'est déjà beaucoup.

Et vous constatez que cette attitude est porteuse de bénéfices ?

Ce que montrent les études, c'est que, quand les gens sont anxieux, ils agissent, ils commencent tous par agir de manière individuelle, par faire des « écogestes ». En plus des actions individuelles, certains vont se lancer dans des actions collectives en groupe ou à plusieurs. C'est bien l'action collective qui est associée à une réduction de l'anxiété. En agissant ensemble, on se sent mieux.

La question personnelle

Vous êtes-vous déjà dit : « On n'y arrivera jamais » ?

Oui, tous les jours. Ce n'est pas parce qu'on a de l'espoir qu'on agit. Ce dont on se doutait, mais qu'on a bien montré, c'est qu'on peut être très désespéré et agir quand même énormément. Malheureusement, je pense que la situation en Ukraine nous le rappelle : dans des situations extrêmement compliquées, on peut décider qu'on ne va pas laisser tomber sans s'être battu jusqu'au bout. Je pense que, parfois, il faut se battre jusqu'au bout, même si on n'a pas d'espoir.

Ce que je retiens

Une chose me semble primordiale dans ce que dit Laelia Benoit, c'est d'abord que l'éco-anxiété n'est pas une maladie. C'est normal d'être stressé ou angoissé face à l'urgence climatique vu l'ampleur du problème. À titre personnel, ça m'a fait du bien de l'entendre !

Ce qui m'a frappé aussi, c'est à quel point on focalise sur nos actions individuelles alors que, par définition, elles ne sont jamais suffisantes et donc nous font culpabiliser… Alors que ce qu'explique bien Laelia Benoit, c'est que la clé pour ne pas déprimer, c'est justement de se tourner vers l'action collective, ne pas rester seul et trouver un espace qui nous convient, dans lequel agir. Un espace qui peut prendre des formes très différentes, suivant le temps qu'on a, l'environnement dans lequel on vit. Ça peut être une association, un groupe d'amis, un club de sport, une école, un syndicat, il y a beaucoup d'endroits où agir ensemble pour faire avancer les choses. Pour moi, par exemple, c'est à travers ce livre et mon travail de journaliste que j'espère participer à une réflexion collective.

Le dernier point qui m'a marqué dans cet entretien, c'est ce que révèle Laelia Benoit sur la manière dont on traite les jeunes générations, cette discrimination qu'elle nomme « infantisme ». Au début, j'ai trouvé cette idée un peu bizarre, mais plus j'y pense, plus j'y suis sensible. Finalement, on se trouve dans une situation étrange où des adolescents sont plus sérieux, plus construits, plus articulés que leurs aînés sur la question climatique.

18.

Peut-on sauver la planète avec des petits gestes ?

avec Sophie Dubuisson-Quellier

Sophie Dubuisson-Quellier, docteure en sociologie de l'École des mines de Paris, est directrice de recherche au CNRS et à Sciences Po. Elle est également présidente du conseil scientifique de l'ADEME. Elle a publié *La Consommation engagée* (Presses de Sciences Po, 2009).

J'ai une chaudière à gaz depuis dix ans et, quand j'écris des articles sur le fait de se débarrasser des énergies fossiles pour faire face au défi climatique, parfois je suis assis dans la cuisine et je la regarde. Je culpabilise de brûler tant de gaz fossiles et je sais bien que je ne suis pas le seul. Je demande toujours aux invités de *Chaleur humaine* quel est leur rapport à ces gestes individuels et comment ils ou elles font leur transition au niveau personnel, s'ils prennent l'avion, mangent de la viande, etc., et je constate qu'on est tous pétris de contradictions. Certains jours, j'ai l'impression d'être un superhéros du climat parce que j'ai acheté des pyjamas de seconde main à ma fille et le lendemain je culpabilise d'être un criminel climatique assoiffé de carbone à cause de ma chaudière à gaz qui tourne à plein régime ; parfois je me dis que je devrais peut-être la renommer Dark Gazor.

Je suis depuis longtemps partagé sur cette question. D'un côté, je sais que mes gestes du quotidien ne sont qu'un minuscule caillou face aux émissions de gaz à effet de serre des compagnies pétrolières ; de l'autre, je me dis que si je ne commence pas par me bouger, même imparfaitement, je ne serai pas très cohérent. Mais si je modifie ma manière de consommer, de me déplacer, de m'habiller, cela va-t-il vraiment changer la donne ? Les efforts individuels qu'on fournit servent-ils vraiment à quelque chose ? Et la culpabilité est-elle constructive ou est-ce qu'elle nous paralyse ?

Vous travaillez depuis plusieurs années sur l'idée de « consommation engagée » et pourtant vous êtes très critique à l'égard de cette notion. L'incitation aux gestes individuels pour faire face à l'urgence climatique vous semble-t-elle utile ?

D'un côté, on peut se demander ce que peuvent faire les consommateurs en tant qu'individus, c'est-à-dire : « Qu'est-ce qui est à leur portée ? Quel est le bénéfice de ces actions individuelles à travers la consommation engagée ? » De l'autre côté, les citoyens reçoivent des injonctions très fortes, notamment de la part des pouvoirs publics, du type : « Vous devez vous responsabiliser, faire attention, penser à vos gestes individuels pour préserver le climat. » Donc, on attend énormément des individus. D'ailleurs, on déploie aussi toute une politique publique pour les mobiliser.

Pourquoi n'êtes-vous pas à l'aise avec l'idée d'inciter à des gestes individuels pour préserver le climat ? Diminuer ses trajets en voiture, changer sa chaudière à gaz ou manger des produits locaux, cela n'a-t-il pas un impact malgré tout ?

Tout simplement parce que la sociologie nous apprend que beaucoup de ce qui relève des comportements individuels est en réalité inscrit dans des dimensions très collectives. Celles-ci ont un poids tel qu'elles orientent ou contraignent fortement les décisions individuelles. L'exemple de la chaudière à gaz est très intéressant : on peut se poser la question de ce choix d'équipement. Qu'est-ce qui relève d'une décision prise à un moment donné, optimisée, réfléchie, responsable ? Et qu'est-ce qui relève d'un équipement qui était déjà dans un logement ? Une grosse partie de ce qui est pensé comme nos choix individuels relève en fait de cette organisation collective.

C'est la même chose sur le sujet des déplacements. Les renvoyer à de l'arbitrage individuel, c'est faire l'hypothèse que, par exemple, chaque matin, vous partez de chez vous et vous avez devant vous plusieurs options : « Je prends ma voiture, je prends le métro, je vais à vélo. » Comme si chaque matin on remettait à zéro les compteurs. Bien sûr, les choses ne se passent pas comme ça. La plupart de nos comportements de mobilité sont encastrés – c'est vraiment le mot – dans toute une série de décisions qui sont très collectives : en premier lieu, l'aménagement du territoire. Si vous êtes à la campagne, prendre le bus ou le vélo n'est pas forcément possible. Et puis, il y a toute l'organisation familiale qui fait que c'est vous le mardi matin qui allez déposer les enfants, par exemple, et donc il n'est pas possible, ce jour-là, de prendre le vélo.

Une étude du cabinet Carbone 4 estime qu'environ un quart du chemin à réaliser peut être fourni par des efforts individuels. Cela montre bien que la plus grande partie des efforts relève du collectif, mais le poids des gestes individuels n'est pas négligeable.

Il ne s'agit pas de gommer ce que peut faire chaque individu. Nous avons tous des marges de manœuvre, malgré tout ! C'est pour cela que je parle d'encastrement plutôt que de détermination collective des comportements individuels, mais il est important de penser cette dimension collective. Parce que si on ne le fait pas, on efface les différences et les inégalités qui touchent les individus. Quand on vit à la campagne, certains modes de mobilité sont beaucoup plus difficiles d'accès, et c'est la même chose si on habite en banlieue ou dans des zones très périphériques de villes. Avoir une injonction permanente qui s'adresse aux individus indépendamment des inégalités qui les concernent pose des problèmes fondamentaux. La crise des Gilets jaunes ne dit pas autre chose. Une partie de la population s'est sentie particulièrement ciblée à la fois sur la question de la responsabilité, mais aussi par cette exigence de contribution forte à la résolution des problématiques climatiques. Les efforts étaient demandés à des gens qui n'ont pas d'autre choix que d'utiliser une voiture et qui n'ont pas la possibilité d'investir dans un véhicule moins polluant. Ils se sont retrouvés extrêmement pénalisés.

Mais certains économistes, comme Lucas Chancel, expliquent que les plus favorisés sont aussi ceux qui émettent le plus de CO_2. On pourrait se dire que, justement, leurs gestes individuels sont d'autant plus importants qu'ils ont plus d'impact, non ?

Tout à fait. Les marges de manœuvre d'une partie de la population – en l'occurrence celle qui contribue le plus au changement climatique – sont beaucoup plus élevées que pour une autre partie de la population, plus contrainte sur le plan économique. Le problème, c'est que les injonctions envers les individus sont assez peu socialement différenciées. On entend rarement parler de mobiliser les individus en fonction de leur contribution, et à hauteur de leur responsabilité.

Les études sur le sujet indiquent que c'est la population la plus favorisée qui achète des fruits et légumes bio ou des produits issus du commerce équitable, ou encore qui valorise les produits locaux. Ce comportement ne peut-il pas servir de modèle et irriguer l'ensemble de la société ?

On va dire que ce sont les « bons élèves » du climat, ceux qui font attention à une grande partie de leurs gestes, de leur mode de vie, par choix, parce qu'ils en ont la possibilité, à la fois en termes économiques, et aussi matériellement, logistiquement. Mais aussi parce que statutairement ils peuvent valoriser ce type de comportement parmi leurs pairs. Il y a certaines formes de positionnement, voire de compétition sur ce créneau. C'est une tendance propre à ces milieux sociaux finalement assez restreints – qui sont plutôt le haut des classes moyennes et le bas des classes supérieures – des gens qui ont un niveau de capital scolaire élevé, et qui, sans pour autant être très riches, ne sont pas contraints économiquement. C'est extrêmement minoritaire, mais très visible dans la société pour des raisons qui s'expliquent assez simplement.

On parle de gens du monde de l'éducation, de la recherche, des médias, de la culture, qui sont donc en capacité de diffuser, de transmettre. Un exemple assez illustratif de ce modèle, c'est la première Association pour le maintien de l'agriculture paysanne (AMAP), qui fonctionne avec des systèmes de contrats faits auprès d'un maraîcher pour obtenir de manière hebdomadaire des paniers de légumes et de produits locaux, qui s'est créée à la Maison de la radio. Cette initiative a donc bénéficié d'un certain espace de diffusion médiatique, ce qui lui a finalement donné une visibilité sociale qui excédait très largement ce qu'elle représentait en termes de volume d'échanges. Le monde de l'enseignement et de la recherche s'est lui-même intéressé très tôt à ces signaux faibles. J'ai travaillé sur ces questions-là il y a vingt ans et je dois dire que j'ai aussi contribué à cette visibilité un peu artificielle d'un phénomène qui est resté, sur le plan sociologique, assez restreint.

Ces positions privilégiées pour transmettre des pratiques individuelles qui sont pensées comme vertueuses permettent-elles quand même de diffuser ces valeurs dans la société ?

Le problème, c'est que cela procède d'une vision assez erronée du changement social et des mécanismes sociaux, parce que les sociétés sont en réalité stratifiées. Vous pouvez prendre l'image de couches de terre qui seraient indépendantes les unes des autres, voire hermétiques. Une strate ne diffuse pas nécessairement dans une autre et peut même, à l'inverse, provoquer des effets de mise à distance.

Cela peut fonctionner comme un repoussoir, avec, d'un côté, la caricature de l'urbain surdiplômé qui fait du vélo en étant végétarien et, de l'autre, le chasseur qui roule en voiture Diesel en faisant des barbecues ? Ces représentations ne sont-elles pas un peu caricaturales ?

Ces représentations existent, pourtant ! En sociologie, on appelle ça des frontières symboliques, c'est extrêmement fort. Je peux l'illustrer de nouveau avec le cas des Gilets jaunes. C'est une population qui a eu des frottements assez rugueux avec le monde des médias sur le thème : « Vous représentez ces urbains diplômés, vous êtes maîtres de vos choix, ne venez pas nous expliquer comment on doit faire. » On peut aussi parler des très riches, des élites économiques ou sportives. Eux aussi sont dans ce qu'on appelle des systèmes de « luttes statutaires » qui ont leurs contraintes, même si on n'y pense pas forcément. Dans ces milieux, il s'agit de faire des démonstrations, les plus fréquentes possible, de modes de vie assez somptuaires. Ce qui donne des joueurs de foot qui prennent des selfies dans un jet privé, pendant qu'une autre partie de la population n'accédera jamais à ce mode de vie. Puis un autre groupe social qui dira : « Attention, on ne devrait pas se vanter de prendre un jet, ça a des impacts extrêmement forts sur le climat. » On voit bien les écarts qui existent et les mécanismes collectifs dans lesquels sont pris ces groupes sociaux. Cette logique d'influence ne fonctionne que dans un groupe de pairs, qui nous ressemble. Mais avec le risque qu'au bout d'un moment l'information bloque, qu'elle ne traverse pas une autre strate sociale, pour les raisons de frontières symboliques dont j'ai parlé.

Si on arrive à l'idée que les gestes individuels n'ont pas un impact majeur sur les émissions de gaz à effet de serre et qu'ils sont restreints à des groupes sociaux particuliers, ne risque-t-on pas de déresponsabiliser une partie des citoyens ?

Si, c'est vrai, c'est justement l'effet très paradoxal de cette « surresponsabilisation » des individus. Au fond, à part pour les très convaincus dont on vient de parler, pour la majorité de la population, cela peut être démobilisant. Ces injonctions rendent plus visibles aussi les effets de dissonance, c'est-à-dire ce qu'on demande à chaque individu et ce qu'on voit dans le reste de la société. Du côté des plus modestes, qui sont déjà dans des situations très difficiles, les images de la société qui émergent sont surtout des démonstrations d'abondance à la télévision, dans les médias, lors de la Fashion Week, par exemple, ou lorsqu'un Premier ministre va voter en jet privé. Ces éléments sont créateurs d'une dissonance assez violente qui renvoie les individus à leur incapacité à faire bouger un système, ainsi qu'à l'idée qu'ils seraient plus responsables que d'autres parce qu'ils doivent changer… là où le reste ne bouge pas.

Si on suit votre raisonnement, on peut se sentir libéré d'une forme de pression à répondre à ces injonctions individuelles… mais, d'un autre côté, cela veut dire que pour faire baisser de manière efficace les émissions de gaz à effet de serre, il faut remettre à plat le fonctionnement d'une économie globalisée qui est construite pour favoriser la production et la consommation de masse. Ce n'est pas facile à décréter.

Ce qui est compliqué, c'est que ces injonctions individuelles à la sobriété ont lieu dans un contexte où c'est l'abondance qui est valorisée. Chacun sait que dans une trajectoire de vie, il y a des marqueurs sociaux qui traduisent le fait qu'on a « réussi » : le fait d'acquérir un véhicule, un logement, de pouvoir partir en vacances et peut-être encore mieux, de partir en vacances au soleil en prenant l'avion, de pouvoir offrir un beau mariage à ses enfants, etc. On pourrait même ajouter, dans certains milieux, de consommer de la viande. Ces signaux démontrent qu'on arrive à faire pleinement partie de la société, qu'on y est « arrivé ». Le sociologue de la consommation Maurice Halbwachs expliquait déjà que consommer c'est montrer qu'on fait partie de la société. On est tous un peu pris là-dedans. Ceux qui sont vertueux, les « bons élèves du climat », arrivent, eux, à compenser le fait de dire par exemple : « Je renonce aux vacances en avion » en le valorisant socialement.

Il y aurait un bénéfice social à dire « je refuse de prendre l'avion », « je renonce à ma voiture » ou « je suis végétarien » ? Ces efforts ne sont pourtant pas tous si simples à entreprendre…

C'est-à-dire que je me retrouve dans la situation de renoncer à certaines choses, non pas parce que je n'y ai pas accès, mais parce que j'ai le luxe de pouvoir y renoncer. C'est complètement différent !

Pourquoi notre société est-elle à ce point structurée autour de la notion d'abondance ? Est-ce pour cela que le concept de sobriété est si difficile à appréhender pour un certain nombre d'entre nous ?

Notre rapport à la consommation a été construit collectivement autour de ces valeurs d'opulence et d'abondance. Pourquoi ? Parce que lorsqu'on a commencé à obtenir des gains de productivité : par exemple en accédant à des énergies fossiles peu chères, on a produit plus. On aurait pu reconvertir ces gains de productivité d'autres façons, mais on a produit plus et on s'est retrouvés à devoir écouler des quantités énormes de produits. Et ça continue aujourd'hui : dans beaucoup de secteurs de la grande consommation, la production est très largement excédentaire à ce que peut absorber la consommation, d'où le gaspillage et la destruction de matières. Et puisqu'on a une production excédentaire, il faut maintenir sous perfusion cette consommation. Donc on va inciter à racheter, ou à renouveler plus fréquemment des biens en organisant des formes d'obsolescence, soit technologiques, soit en créant des effets de mode. On va également faire acheter plusieurs fois la même chose : dans l'industrie des cosmétiques, on vous fait acheter une crème de jour et une crème de nuit. Une autre astuce consiste à vous faire acheter des produits très tôt dans la saison pour être sûr d'avoir capté des clients.

Comment concilier des trajectoires climatiques qui devraient nous amener à diminuer fortement cette logique de consommation et ce système que vous décrivez de production et de consommation de masse ? C'est assez vertigineux.

C'est justement pour cela qu'il serait bon d'arriver à sortir de cette injonction extrêmement simpliste, qui consiste à dire : « Il faut arrêter de consommer autant. » Formulé comme cela, c'est vraiment un vœu pieux et une injonction très naïve. Parce que, encore une fois, notre système de valeurs est construit autour de l'abondance. C'est vrai, le sujet devient vertigineux, c'est très complexe. Mais, en même temps, si on ne prend pas cette complexité au sérieux et qu'on continue à répéter en boucle qu'il faut faire des « petits gestes », on ne sera pas en capacité d'agir sur les gros leviers macroéconomiques dont je parle.

Pourtant, on voit cette volonté de la part du gouvernement et des pouvoirs publics d'insister sur les efforts individuels. Comment les politiques publiques pourraient-elles s'emparer du sujet ?

Il s'agit de changer les conditions de création de richesse – même si je préfère employer le mot « prospérité ». Les politiques publiques donnent des horizons aux acteurs économiques pour leur expliquer les trajectoires dans lesquelles il faut s'engager, et les changements que doivent consentir les entreprises. Alors, naturellement, le monde économique est souvent assez conservateur, parce qu'il doit faire face à des risques, gérer des emplois, etc. Mais on peut lui donner des perspectives sur les trajectoires à prendre, on peut aider les entreprises en soutenant des modèles économiques alternatifs, on peut créer d'autres indicateurs, des instruments qui permettent de mesurer des impacts sur le climat et de les articuler autour du développement de l'entreprise.

De fait, beaucoup de grandes entreprises se sont dotées d'objectifs ambitieux de « neutralité carbone » à l'horizon 2050, mais, quand on regarde dans le détail, il est difficile de voir comment la plupart d'entre elles comptent y parvenir.

Tout à fait, beaucoup d'entreprises aiment expliquer qu'elles ne peuvent pas beaucoup bouger parce qu'elles sont tenues par leurs actionnaires, par leur marché ou par leurs collaborateurs qui ne voudraient pas changer. Mais actuellement, il est en train de se passer quelque chose de très intéressant avec ces mouvements d'étudiants, de jeunes diplômés, de jeunes cadres, formés par des grandes écoles. Alors qu'ils sont destinés à mener de très jolies carrières dans ces grandes entreprises, en accédant assez vite à des niveaux de décision élevés, on commence à les entendre dire qu'ils n'ont pas nécessairement envie de contribuer au changement climatique en travaillant dans tel secteur, voire dans telle entreprise qu'ils n'hésitent plus à nommer.

Quand un jeune étudiant, un jeune diplômé, dit, par exemple : « Je ne veux pas travailler chez TotalEnergies parce qu'ils produisent du pétrole et du gaz », est-ce que ce n'est pas un geste individuel ?

On est là dans l'action collective, au sens de la sociologie. Parmi ces collectifs, certains sont organisés pour faire circuler d'une entreprise à une autre des moyens de faire bouger sa hiérarchie ou ses collaborateurs, pour se passer des astuces qui relèvent du fonctionnement du monde des organisations et notamment du monde des entreprises. Ce ne sont pas des gestes individuels, ils relèvent d'une action collective qui a malgré tout une certaine portée. Parce que, précisément, ils sont au cœur et non plus aux marges. On a commencé notre échange en parlant de consommation engagée, de bio, des AMAP, etc., une série d'initiatives qui ont été extrêmement importantes pour faire évoluer les prises de conscience de ces problématiques, mais qui ont pour limites de se situer aux marges de l'économie. Le mouvement dont je parle se déroule au cœur des grands groupes ou de la haute administration, donc au cœur des espaces de décision et d'actions qui vont avoir des effets collectifs et pouvoir en retour changer les comportements individuels.

Mais il est important de comprendre qu'il s'agit bien de mécanismes collectifs, j'insiste là-dessus. Bien sûr, c'est complexe, mais après tout, le climat, c'est complexe et on a su le comprendre ! Il me semble qu'on peut faire l'effort d'investir cette complexité de la société à partir des sciences humaines et sociales. Cette crise climatique, c'est une crise sociale, une crise de nos organisations sociales, donc elle concerne l'économique, le politique, le social. Et on ne pourra pas résoudre cette crise sans comprendre comment ça fonctionne.

La question personnelle

Prenez-vous encore l'avion ?

Un chercheur peut décider tout seul qu'il ne prend plus l'avion, ça veut dire qu'il ne va plus aux conférences internationales auxquelles il est censé aller régulièrement pour confronter ses travaux de recherches à ses pairs internationaux, faire valider ses résultats et pouvoir prétendre produire une science qui est d'un niveau international. Personnellement, là où j'en suis dans ma carrière, c'est quelque chose que je peux faire avec un coût limité, mais peut-on demander ça aux plus jeunes, aux doctorants ? Je dois dire que j'ai une de mes doctorantes, Julie Madon, dont je suis particulièrement fière, qui a renoncé à un magnifique colloque à Los Angeles pour préserver son empreinte carbone. Ce choix est coûteux. J'ai mes gestes individuels, en effet, mais je ne suis ni plus ni moins vertueuse qu'un ou une autre, et surtout, je refuse cette idée de l'exemplarité parce qu'elle ne fonctionne qu'à un niveau social très particulier. En revanche, les engagements que je peux avoir dans ma recherche, dans l'expertise, ou en communiquant aujourd'hui avec vous, sont de ce ressort collectif dont je parle.

Ce que je retiens

Je retiens plusieurs choses de cette conversation avec Sophie Dubuisson-Quellier. La première, c'est qu'à force d'insister sur les gestes individuels, le risque est d'oublier que la plupart des gens n'ont pas le choix dans un certain nombre de domaines. Elle a raison de dire qu'on valorise tous l'abondance, la surproduction, la consommation, et que ce système de valeurs n'est pas du tout conforme avec la neutralité carbone, avec nos trajectoires climatiques. Pour elle, cette histoire de gestes individuels fait peser toute la culpabilité sur les épaules de chacun et chacune d'entre nous. Plus encore, cette injonction nous divise, entre ceux qui feraient les bons gestes et les autres.

Je trouve aussi particulièrement intéressant ce qu'elle explique sur le mouvement des jeunes diplômés qui refusent de travailler dans certains groupes. Elle dit qu'il touche le cœur de la société, pas les marges, et qu'à partir de là ces mouvements collectifs commencent à avoir de l'impact, c'est certainement là-dessus qu'il faut travailler.

Mais il y a aussi un point sur lequel je suis moins à l'aise. Ce discours ne risque-t-il pas de faire renoncer une partie d'entre nous à des efforts indispensables parce que c'est trop dur de changer tout le système au niveau global ? D'ailleurs, je remarque que Sophie Dubuisson-Quellier, comme nous tous, se trouve face à ses contradictions. Elle n'est pas fan des gestes individuels mais elle est quand même épatée par sa doctorante qui renonce à aller à un colloque en Californie pour éviter de prendre l'avion. Comme quoi, le fait de voir des gens qui font des choix, ça nous travaille. C'est un peu ce que m'a dit la productrice de *Chaleur humaine*, Adèle Ponticelli, en préparant cet épisode. « Quand je dis que je suis végétarienne, c'est une manière de montrer ce qui ne va pas dans le monde d'aujourd'hui, la production de viande industrielle, etc. C'est une façon très claire de le dire à des gens qui ne sont pas forcément d'accord. » Sur ce point, je suis d'accord avec Adèle ; certes, nos gestes individuels paraissent dérisoires pour faire baisser les émissions demain, mais parfois ce sont des outils utiles pour ouvrir la discussion avec son oncle ou son voisin de train !

Conclusion

Faire face au défi climatique sans potion magique

Comme tous les parents, j'essaie de limiter le temps d'écran de mes enfants. Mais je dois reconnaître que j'ai du mal à empêcher ma fille de regarder pour la millième fois l'un de ses films favoris, que moi aussi j'adore : *Astérix chez les Bretons.* Dans cette aventure, Astérix a pour mission d'apporter de la potion magique dans le village de son cousin Jolitorax, encerclé par les troupes romaines. Hélas, après de nombreuses péripéties, le tonneau de potion magique n'arrive jamais à bon port, et les courageux Britanniques doivent faire face bien seuls à l'envahisseur. À chaque fois qu'on arrive à la scène finale, je me dandine sur ma chaise : arrivé au village, Astérix fait croire qu'il prépare de la potion magique, ce qui donne aux troupes du chef Zebigboss le sentiment qu'ils ont en main tout ce qu'il faut pour l'emporter. Gonflés à bloc par de l'eau chaude mélangée à quelques feuilles séchées, les Bretons d'Astérix parviennent à terrasser les Romains sans difficulté – et sans potion magique.

Voilà ce que j'ai compris après avoir réalisé une trentaine d'épisodes de *Chaleur humaine*, passé des centaines de coups de fil, lu quantité de livres et d'articles, mangé des kilos de houmous et dormi devant des rapports du GIEC écrits tout petit : pour faire face à la crise climatique, nous n'avons pas besoin de potion magique. Nous avons dans nos mains, aujourd'hui, les moyens nécessaires pour atteindre la neutralité carbone et maintenir une planète vivable. Je n'ai pas dit que c'était facile – et d'ailleurs tous les invités de *Chaleur humaine* le répètent : le chemin de la transition n'est pas parsemé de rose et de jasmin.

Par où commencer ? Par le plus évident : il est urgent de cesser l'exploitation des énergies fossiles. L'Agence internationale de l'énergie (AIE), historiquement proche des milieux pétroliers, a calculé en 2021 qu'il fallait cesser immédiatement de développer de nouveaux projets pétroliers ou gaziers. On pourrait tenir le même raisonnement sur tout le système carboné : pour cesser d'émettre des gaz à effet de serre, il faut arrêter de subventionner le pétrole à la pompe ou les projets d'autoroutes ou d'aéroports. C'est la première brique posée dans le dernier rapport du GIEC. La deuxième, incontournable, est celle de la réduction de la consommation : utiliser moins d'énergie, mais aussi moins d'eau ou moins de sols est impératif. Il n'y a pas de monde soutenable sans sobriété. Que l'on parle de l'industrie textile, de la viande ou de la voiture, un morceau fondamental de la réponse est toujours de baisser notre consommation. La troisième pierre de cet édifice est de développer massivement les technologies dont nous avons besoin : les énergies renouvelables – en particulier le solaire et l'éolien – sont indispensables, tout comme les véhicules électriques ; des technologies dont les coûts ont baissé massivement ces dernières années et qui sont notre meilleure chance de remplacer une partie de notre consommation d'énergies fossiles. Des technologies expérimentales ou en cours de développement, comme l'hydrogène, les petits réacteurs nucléaires ou la capture de carbone, pourront peut-être un jour y contribuer. Mais on ne peut pas compter dessus pour l'instant. Pour les années à venir, il va falloir s'appuyer sur les outils dont nous disposons déjà plutôt que d'attendre une potion magique qui risque de ne pas arriver à temps pour limiter l'emballement du climat.

En relisant ces entretiens, j'ai aussi compris un autre point crucial : nous ne sommes pas égaux face à la crise climatique. D'abord, parce que le réchauffement touche déjà plus fortement les plus modestes, dans tous les pays, et notamment dans les pays les plus pauvres. Mais aussi parce que les plus fortunés émettent beaucoup plus que les autres. En France, par exemple, les 10 % les plus riches émettent cinq fois plus que les 50 % les plus modestes. Ce qui renforce l'idée que les actions des individus ne peuvent pas renverser la table : nous avons d'abord besoin de politiques publiques, de réglementations et de changements des modèles économiques des entreprises.

Ce qui saute aux yeux dans tous ces entretiens, c'est aussi la difficulté à mettre en œuvre les changements dans le monde réel. Ce n'est pas tout de dessiner une planification détaillée de ce qu'il faut faire, de lister les interdictions et les incitations possibles dans d'épais rapports. Le frein de nombreuses politiques climatiques aujourd'hui, c'est la différence entre les ambitions et la réalité. Un exemple l'illustre clairement : nous devons rénover 600 000 logements par an, or nous en rénovons… dix fois moins ! Le mouvement des Gilets jaunes – né d'un refus de la taxe carbone – ou l'opposition au zéro artificialisation nette (ZAN) montre bien qu'entre la théorie et la pratique, il y a un gouffre qu'il est urgent de combler. Et là, la question démocratique est cruciale pour convaincre le plus grand nombre.

Je retiens aussi un paradoxe, souvent évoqué par les invités de *Chaleur humaine* : tout cela implique à la fois de ralentir et d'accélérer. Ralentir, parce que la vitesse de nos modes de vie est rendue possible par les énergies fossiles, et en particulier le pétrole. S'en libérer implique d'accepter des trajets plus longs, du temps pour réparer ou réutiliser des objets, des temporalités différentes. Mais il nous faut aussi accélérer la transition, parce que le réchauffement progresse. Toute émission supplémentaire de gaz à effet de serre aggrave le problème et nous rend la vie plus difficile, aujourd'hui et demain. Il faut donc agir le plus vite possible, dès maintenant – sans attendre l'arrivée de la potion magique.

Douze idées pour faire avancer le train de la transition

Voici douze idées, parmi de nombreuses autres, directement inspirées des échanges du podcast, qui pourraient selon moi contribuer à baisser nos émissions et améliorer nos vies. J'espère qu'elles contribueront à alimenter vos réflexions. Pour me faire part des vôtres, de vos questions, et de vos recettes de falafels, vous pouvez continuer à m'écrire à l'adresse chaleurhumaine@lemonde.fr.

Des assemblées citoyennes locales. Sur le modèle de la Convention citoyenne pour le climat, mettre autour de la table des habitantes et des habitants d'un territoire, avec un renouvellement chaque année. Au menu : comment adapter le territoire au changement climatique ? Comment partager l'eau ? Comment faire baisser les émissions de notre territoire ? Ces recommandations seraient ensuite mises en œuvre par les collectivités locales ou donneraient lieu à des référendums locaux.

Du solaire à toutes les échelles. Peu chère et très prévisible, la production d'énergie solaire est l'une de nos meilleures chances pour produire une énergie décarbonée rapidement. Elle peut se déployer à toute petite échelle, sur les toits des bâtiments publics et privés, pour produire de l'électricité mais aussi de l'eau chaude sanitaire, avec des chauffe-eau solaires.

Un service public de l'urgence climatique. Afin de mettre en œuvre concrètement les plans de transition, l'État pourrait déployer des milliers de personnes sur le terrain pour aller au contact des Français : réaliser la rénovation des bâtiments, proposer de changer de mode de chauffage, expérimenter d'autres moyens de se déplacer. Ce service public pourrait être composé de salariés venus de secteurs carbonés, qui bénéficieraient d'une formation spécifique dans le cadre d'emplois de transition.

Un véhicule léger et bon marché pour tous. À l'échelle européenne, les États pourraient décider du design d'une voiture électrique légère avec une petite batterie, produite localement, appuyée sur un mode de financement simple et accessible. Puisque les constructeurs automobiles misent sur des véhicules lourds et chers, il reste à inventer la voiture verte pour tous.

Dépolluer les cantines. Une grande partie des salariés, des étudiants et des enfants y déjeunent cinq jours sur sept. Diminuer de manière importante les quantités de viande, limiter les produits ultratransformés, privilégier le bio dans les cantines sont des leviers rapides et simples pour faire baisser nos émissions et lutter contre l'effondrement de la biodiversité… tout en améliorant notre santé.

S'adapter dès maintenant avec le système D. L'adaptation au changement climatique requiert une planification du territoire sur le long terme. Mais dès maintenant, à l'échelle d'une entreprise, d'une école, d'un immeuble, il est possible de limiter les effets des canicules : repeindre les toits en blanc, mobiliser les habitants des derniers étages, s'organiser entre voisins pour tester des méthodes qui permettent de résister aux impacts du changement climatique.

Tester des caisses alimentaires locales. Pour aider le secteur agricole à changer, la création de caisses alimentaires solidaires pourrait permettre à tous les ménages, quel que soit leur niveau de revenu, d'accéder à des aliments de qualité produits localement dans des conditions respectueuses de l'environnement. Le bonus : c'est très bon pour la santé.

Se former à la couture, à la cuisine et au bricolage. Afin de limiter notre consommation de vêtements et d'objets, il faut pouvoir réparer ce que l'on a déjà, pour rendre nos biens plus durables – mais aussi apprendre à cuisiner avec moins de viande et plus de légumineuses. L'une des options est la mise en place de cours pratiques, dans le milieu scolaire mais aussi dans les mairies ou les plans de formation des entreprises, pour diffuser ces compétences concrètes.

Halte au *greenwashing*. Pour faire avancer la transition, il faut de la transparence. Les pouvoirs publics pourraient facilement interdire la publicité mensongère des entreprises qui prétendent que leur action est bonne pour notre avenir, sans en avoir fait la démonstration – on pourrait ainsi bannir les promesses de « voiture zéro émission » ou d'énergie « propre ». Ce qui nous permettrait à tous d'y voir plus clair.

Une carte Vitale de la transition. Pour rendre plus lisibles et plus accessibles les aides auxquelles ont droit les ménages, on pourrait inventer une sorte de carte Vitale. Elle permettrait d'acheter par exemple un vélo ou une pompe à chaleur en déduisant de manière immédiate les subventions ou les exonérations en fonction des revenus.

Relancer l'industrie du vélo. La France développe à toute vitesse les pistes cyclables en ville, mais aussi dans des zones périurbaines. La filière du vélo commence à se structurer mais doit passer la vitesse supérieure, avec le développement d'un écosystème qui peut créer des centaines de milliers d'emplois, dans la fabrication, la réparation et la vente.

Un congé de transition. Comment trouver le temps de s'investir dans les changements nécessaires pour la transition ? Les entreprises pourraient proposer un dispositif adaptable en fonction des projets – un jour par semaine ou par mois, une période de plusieurs semaines – pour permettre aux salariés de participer à des initiatives ou de se former.

Bibliographie

Livres

Edward Abbey, *Le Gang de la clé à Molette*, Gallmeister, 2016.
Aurélien Bigo, *Voitures, Fake or not ?*, Tana éditions, 2023.
Philippe Bihouix, *L'Âge des low tech*, Seuil, 2014, Points, 2021.
Christophe Bonneuil et Jean-Baptiste Fressoz, *L'Événement Anthropocène*, Seuil, 2013, Points, 2016.
Nicolas Bricas, *Une écologie de l'alimentation*, Quæ, 2021.
Lucas Chancel *et al.*, *Rapport sur les inégalités mondiales*, Seuil, 2022.
Pierre Charbonnier, *Culture écologique*, Presses de Sciences Po, 2022.
Mickaël Correia, *Criminels climatiques*, La Découverte, 2022.
Sophie Dubuisson-Quellier, *La Consommation engagée*, Presses de Sciences Po, 2009.
Emmanuel Hache, *Géopolitique de l'énergie*, Eyrolles, 2022.
Christian Gollier, *Le Climat avant la fin du mois*, PUF, 2019.
Philippe Grandcolas, *Tout comprendre (ou presque) sur la biodiversité*, CNRS éditions, 2023.
Frank Herbert, *Dune*, Pocket, 2021.
Sylvestre Huet et Gilles Ramstein, *Le Climat en 100 questions*, Tallandier, 2021.

Sabrina Krief, *Chimpanzés, mes frères de la forêt*, Actes Sud, 2019.
Hélène Landemore, *Open Democracy*, Princeton University Press, 2020.
Bruno Latour et Nicolas Truong, *Habiter la Terre*, Les Liens qui libèrent, 2022.
L'Obs, *Les Penseurs de l'écologie*, Les Liens qui libèrent, 2023.
Andréas Malm, *Comment saboter un pipeline*, La Fabrique, 2020.
Valérie Masson Delmotte et Christophe Cassou, *Parlons climat en 30 questions*, La Documentation française, 2023.
Dominique Méda, *La Mystique de la croissance*, Flammarion, 2014.
Emmanuel Pont, *Faut-il arrêter de faire des enfants pour sauver la planète ?*, Payot, 2022.
Heïdi Sevestre, *Sentinelle du climat*, HarperCollins, 2023.
The Shift Project, *Climat, crises : le Plan de transformation de l'économie française*, Odile Jacob, 2022.
Jean-David Zeitoun, *Le Suicide de l'espèce*, Denoël, 2023.

Bandes dessinées

Kate Beaton, *Environnement toxique*, Casterman, 2023.
Jean-Marc Jancovici et Christophe Blain, *Le Monde sans fin*, Dargaud, 2021.
Inès Léraud et Pierre Van Hove, *Algues vertes*, La Revue dessinée – Delcourt, 2019.
Jessica Oublié et Nicola Gobi, *Tropiques toxiques*, Les Escales, 2022.
Joe Sacco, *Payer la terre*, Futuropolis, 2020.
Jonas Teboul, Téo Saal et Lucas Zufic, *Apporter demain*, Les Enfants rouges, 2023.

Rapports

ADEME, *Simulation prospective du système alimentaire et de son empreinte carbone*, 2022.

ADEME, *Transitions 2050, Choisir maintenant, agir pour le climat*, 2022.

Agence internationale de l'énergie (AIE), *Net Zero by 2050*, 2021.

Groupe d'experts intergouvernemental sur l'évolution du climat (GIEC), *Sixième rapport d'évaluation*, 2023.

Haut Conseil pour le climat, *Dépasser les constats, mettre en œuvre les solutions*, rapport 2022.

Haut Conseil pour le climat, *Renforcer l'atténuation, engager l'adaptation*, rapport 2021.

Selma Mahfouz et Jean Pisani-Ferry, *Les Incidences économiques de l'action pour le climat*, France Stratégie, 2023.

Réseau de transport d'électricité, *Futurs énergétiques 2050*, février 2022.

Remerciements

Merci à Audrey Cerdan, brillante créatrice du nom *Chaleur humaine*, pour son écoute bienfaisante et son amour enchanteur. Une pensée pour Mona et Sami, lutins bienheureux et personnages centraux de *Chaleur humaine*.

Merci à Sophie Lhuillier pour sa patience et sa relecture attentive et à Mireille Paolini et Arnaud Aubron qui ont rendu ce projet possible.

Une mention spéciale à l'équipe du podcast *Chaleur humaine*, Adèle Ponticelli, Esther Michon et Amandine Robillard et à celles et ceux qui ont soutenu le projet au sein de la rédaction du *Monde*, Alexis Delcambre, Jérôme Fenoglio et Caroline Monnot.

Merci également aux expertes et aux experts qui ont accepté de venir partager leurs savoirs et leurs expériences au micro. Et un remerciement chaleureux aux dizaines de milliers d'auditrices et d'auditeurs de *Chaleur humaine*, et en particulier à celles et ceux qui m'envoient recettes de cuisine, questions existentielles et petits gâteaux pour le goûter (promis, maintenant que ce livre est fini, je vais pouvoir vous répondre).

Table

Avant-propos. Comment faire face 7

I. Notre planète à bout de souffle

1. Comment s'adapter au changement climatique ? avec *Magali Reghezza-Zitt* 13
2. Comment parler du climat ? avec *Valérie Masson-Delmotte* . 27
3. Comment sauver les glaciers ? avec *Heïdi Sevestre* 41
4. Comment lutter contre la sécheresse ? avec *Florence Habets* . 57

II. Accro aux énergies

5. Comment rompre avec les énergies fossiles ? avec *Céline Guivarch* 73
6. À quoi ressemble une France sans énergies fossiles ? avec *Thomas Veyrenc* 87
7. La technologie va-t-elle nous sauver ? avec *Philippe Bihouix* 103

III. Changer nos habitudes, un défi

8. Comment se libérer de la voiture individuelle ?
avec *Aurélien Bigo* 123
9. Faut-il encore prendre l'avion ? avec *Isabelle Laplace* 137
10. Faut-il manger moins de viande ? avec *Carine Barbier* 153
11. Comment changer de modèle agricole ?
avec *Nicolas Bricas* 169
12. Comment s'habiller sans détruire le climat
et la biodiversité ? avec *Julia Faure* 185

IV. Refaire société

13. Faut-il faire moins d'enfants pour sauver la planète ?
avec *Emmanuel Pont* 205
14. La transition va-t-elle créer ou détruire des emplois ?
avec *Dominique Méda* 221
15. Faut-il faire payer les riches ? avec *Lucas Chancel* 235
16. Comment concilier démocratie et urgence climatique ?
avec *Hélène Landemore* 249
17. Comment ne pas déprimer ? avec *Laelia Benoit* 265
18. Peut-on sauver la planète avec des petits gestes ?
avec *Sophie Dubuisson-Quellier* 281

Conclusion. Faire face au défi climatique
sans potion magique 297

Douze idées pour faire avancer le train de la transition 301

Bibliographie 305

Remerciements 309

RÉALISATION : NORD COMPO
IMPRESSION : CPI FRANCE
DÉPÔT LÉGAL : OCTOBRE 2023. N° 154418 (175642)
Imprimé en France